番記者が見た絶対王者の4000日

羽生結弦の肖像

元産経新聞運動部記者
尚美学園大学准教授
田中 充

山と溪谷社

Yukihito Taguchi/Fantasy on Ice 2023

Yukihito Taguchi/Fantasy on Ice 2023

Yukihito Taguchi/Fantasy on Ice 2023

Yukihito Taguchi/Fantasy on Ice 2023

Yukihito Taguchi/Fantasy on Ice 2023

Yukihito Taguchi/Fantasy on Ice 2023

Yukihito Taguchi/Fantasy on Ice 2023

Yukihito Taguchi/Fantasy on Ice 2023

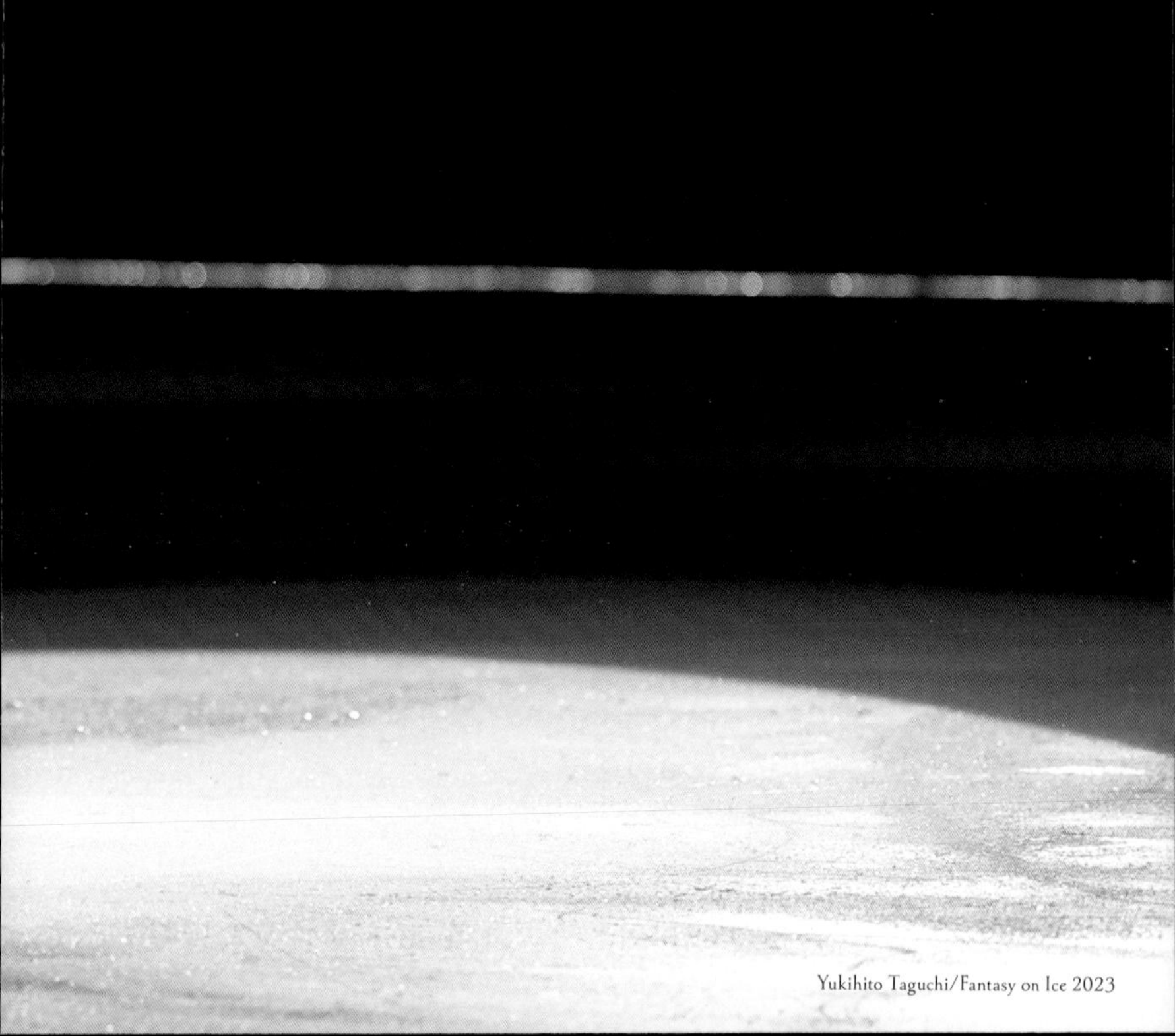

Yukihito Taguchi/Fantasy on Ice 2023

Joe Kobashi

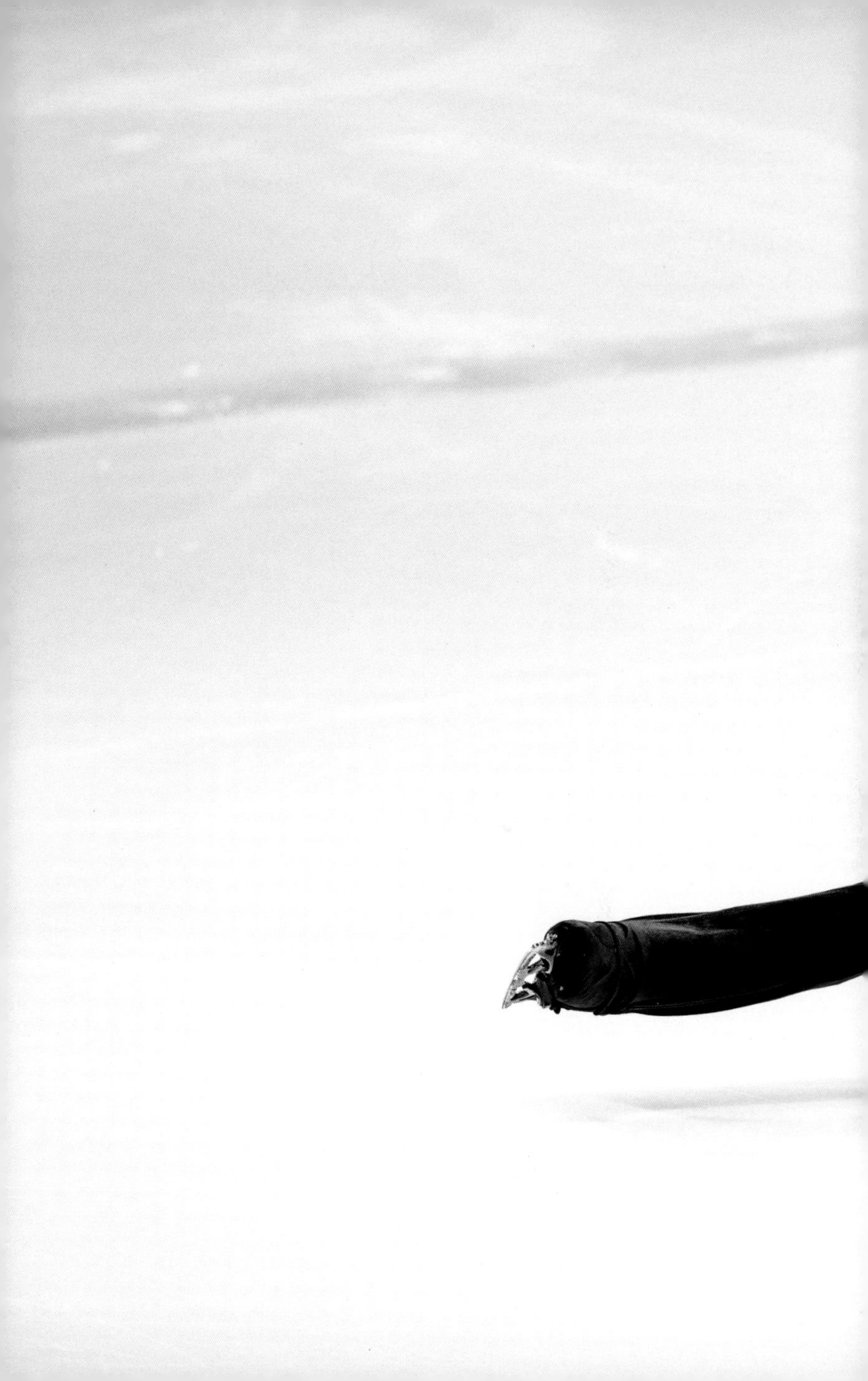

Yuya Nagase/PHOTO KISHIMOTO

Joe Kobashi

羽生結弦の肖像

番記者が見た絶対王者の4000日

序章にかえて――

2022年7月19日午後5時。

新型コロナウイルス禍がまだしばらく続く様相を呈していた。筆者はJR渋谷駅近くのドラッグストアで購入した検査キットによる陰性証明を撮影した画面をスマートフォンに保存し、東京・赤坂のホテルへと向かった。

この日、フィギュアスケート男子で2014年ソチ、18年平昌両オリンピックで金メダルを獲得した羽生結弦さんの記者会見が予定されていたからだ。それは、とても大きな決断の表明になる――。そのことも覚悟できていた。

さかのぼること約5カ月前、羽生さんは3度目の大舞台となった北京冬季五輪（以下、北京五輪）に出場し、フリーでは世界で誰も跳んだことがない4回転アクセル（4回転半ジャンプ）を国際スケート連盟（ISU）から初めて「技」として認定を受けた。

ショートプログラムでは、冒頭の4回転サルコウを跳ぶ直前、ほかの選手によって滑走前にすでにできていた氷の穴にスケート靴のエッジがはまるアクシデントに見舞われた。

このため、8位スタートとなってしまった。

しかし、フリーでは、コロナ禍が影を落とす世界の空気を切り裂くように、高さのある4回転アクセルに果敢に挑戦。完璧な成功とはいかなかったが、スケート史に新たな歴史を刻んだ。ショートの不運も影響したことで、残念ながら五輪3連覇には届かなかった。

それでも、「報われない努力だったかもしれない」という本人の言葉とは対照的に、多くのファンが勇気と感動をもらったジャンプだった。

五輪連覇後の「最大のモチベーション」と明言してきた4回転アクセルを、五輪本番で跳ぶという果実を手にしている。

そんな羽生さんが、五輪の翌シーズンに向けてどんな決断を下すのかは、北京五輪後からずっと、フィギュア界にとどまらず日本中の関心事となっていた。

会見前日の7月18日、羽生さんは所属事務所を通して報道各社に「決意表明の場として記者会見を開催いたします」と記したプレスリリースを送付した。

そこには、羽生さんが自らの言葉で今後について表明するという意思表示が記されていた。事前告知は、メディアへの配慮だったことは明白だった。

憶測による「フライング記事」を避けたければ、会見数時間前など直前のリリースで事足りたはずだった。羽生さんほどの存在であれば、仮に1時間前に会見をアナウンスしても大勢の報道陣が駆けつけただろう。

「新たなシーズンも現役を続けるのではないだろうか」

「4回転アクセルに続く新たなモチベーションが生まれてはいないだろうか」

こうした期待を抱く声がたくさんある一方で、羽生さんを取材してきた多くの「番記者（担当記者）」は、「もしかしたら羽生さんが大きな決断を下して会見を開くことになったのではないか」という覚悟を抱かざるを得ない状況でもあった。

記者は、どんな会見になったとしても、対応できる記事を書かなければならない。関心を抱いているファンや読者に内容を伝える使命があるからだ。このため、「決意表明」の中身が進退のどちらになってもいいように準備をする必要があった。

事前告知によって羽生さんがくれた時間を使い、これまでの羽生さんの競技人生を振り返ることができた。

◇

筆者は、羽生さんが記者会見を開いた当時も含めて、2023年3月まで産経新聞に在籍する運動部の記者だった。05年からスポーツ報道に携わり、フィギュアスケートを担当することになったのは、10年バンクーバー五輪翌年の11－12年シーズンからだった。

大変恐縮ではあるが、本書に目を通してもらう前提として、筆者の経歴を簡単に振り返っておきたい。01年から新聞記者となり、その後の大半をスポーツ報道に身を置いてきた。プロ野球、米大リーグなど野球取材に多くの時間を費やし、11年からは初めて五輪競技に軸足を移すことになった。そこからフィギュアスケートの取材をスタートさせていくのであるが、正直に打ち明ければ、恥ずかしながら当初はフィギュアスケートのジャンプが6種類あることさえも知らなかった。

担当になった当時の日本国内におけるフィギュアスケートの報道は、まだまだ女子選手が中心だった。06年トリノ五輪で荒川静香さんが男女を通じて日本初の金メダルを獲得し、その後も浅田真央さんや安藤美姫さん、鈴木明子さんたちが世界のトップを争っていた。

男子は高橋大輔さんがバンクーバー五輪で銅メダルを獲得し、織田信成さんや小塚崇彦さんたちが世界の頂点を目指してしのぎを削っていた。未来に五輪連覇という大きな偉業を成し遂げることになる羽生さんの取材をスタートさせた当時はそんな状況だった。

担当になる少し前の2011年3月11日に未曾有の東日本大震災が発生し、東北地方を中心に多くの犠牲者が出た。被災地はいまなお、復興途上にある。そして、羽生さんも被災者の一人だったことをのちに知った。

練習中のリンクで被災し、家族4人で避難所生活を余儀なくされた。時間が経過したあとの取材で「スケートどころではなかった」という心境を明かしてくれた。

そんな羽生さんの「魂の滑り」を見たことが、私にとってはフィギュアスケートに魅了された大きな転機となった。

2012年フランス・ニース。フィギュアスケートでは初の海外出張となった現地で、羽生さんが初出場した世界選手権で迫真の演技を見た。

まだシニアに上がって2シーズン目だった羽生さんは、体力を限界まで振り絞ってフリー『ロミオとジュリエット』を熱演した。スタミナも切れかけた演技終盤のステップに入る直前、雄叫びを上げて激しい表情で滑る姿を、記者席から身を乗り出すようにして見た。

この羽生さんのフリーは鮮明な記憶として、いまなお脳裏に焼き付いている。実際、あの大会で羽生さんに魅了されたというファンは多い。

当時の羽生さんは、まだ新星という位置付けだったが、スケート関係者からは「彼は間違いなくソチ五輪に出る。そして金メダルを獲ることができる選手だ」と言われた。羽生さんがのちに「ソチと次のオリンピック（平昌）で2連覇する」という目標を掲げていたことは、まだ知らなかったが、この大会を機に取材対象としてマークしておかなければいけない選手だと名前を刻みつけた。

その後の羽生さんの成長曲線はすさまじく、「五輪連覇」を有言実行で果たし、栄光の道を駆け上がっていった。

ソチ五輪シーズンは全日本選手権で連覇を果たし、五輪の団体戦のショートでいきなり高得点をマーク。勢いに乗った個人戦のショートで史上初となる大台超えの101・45点をたたき出した。もちろん、当時の世界歴代最高得点である。

世界選手権3連覇中だったカナダのパトリック・チャン選手との熾烈な戦いを制して、史上2番目の若さである19歳69日で金メダルを獲得すると、成長曲線はさらに鋭角に伸び続けた。

史上初の4回転ループ成功、さらには大会に出るたびに塗り替えたショート、フリー、合計での世界歴代最高得点、そしてスコアだけでは言い表わすことができない圧倒的な存在感……。羽生さんは「絶対王者」と呼ばれるようになっていった。

一方で、何度もケガに見舞われ、シーズン中に手術も経験している。右足首の負傷明けに一度も実戦を挟まず、「ぶっつけ本番」で平昌五輪に出場し、それでも連覇を果たした圧巻の復活劇は、個人では最年少（23歳）での国民栄誉賞へと導かれた。

ソチ五輪から平昌五輪までの4年間で、男子スケーターの存在感は一気に高まった。羽生さんがプロに転向した現在もなお、フィギュアスケート人気の中心が男子にあることも含め、羽生さんの競技への功績はとても大きい。

メディアは一括りにされることが多いが、テレビ、ラジオ、新聞、専門誌、一般雑誌など多岐にわたる。

新聞も、筆者が在籍していた産経新聞のような一般紙（朝日や読売、毎日、日経など）と、スポーツ紙（日刊スポーツ、スポーツニッポン、スポーツ報知、デイリースポーツ、サンケイスポーツなど）に分かれる。

一般紙は政治や経済、海外ニュース、さらには社会ネタや文化などに関する記事も扱うため、スポーツに関するニュースが一面を飾ることは珍しい。そんな慣例を打ち破ったのも、羽生さんの高い注目度だった。スポーツ紙関係者によると、即売部数を変動させるほどの影響力があったという。

羽生さんに対する世間の関心が高まる中、ソチ五輪前から取材をしてきた記者に加え、新たにたくさんの記者がフィギュア担当として取材現場に来るようになった。日本を飛び越え、世界からも注目される羽生さんの取材は責任感が伴い、大変だったが、とても充実した時間でもあった。

ぜんそくの持病がある羽生さんは、新型コロナウイルス禍での感染リスクを考慮して、20－21年シーズンのグランプリ（GP）シリーズ参戦を回避しなければならなくなった。紆余曲折を経てたどり着いた北京五輪の舞台で、羽生さんが挑んだ4回転アクセルは誰もが固唾をのんで見守った。

◇

冒頭の会見に話を戻すと、羽生さんの決意の会見はこうした背景の中で行なわれたのだった。まばゆいカメラのフラッシュを浴び、笑顔の羽生さんはプロ転向を宣言した。引退の二文字は決して使わなかった。羽生さんらしかった。

会見の詳細は後述するが、羽生さんはアスリート、フィギュアスケーターの「第2章」を自らの力で切り開いた。その後の単独公演によるアイスショーやスケーター史上初となる東京ドームでのアイスショーなどは読者のみなさんがご存じのとおりである。

今回の書籍にまとめたのは、筆者が取材した2012年3月の世界選手権から22年2月の北京五輪までの約10年間の競技人生と、その後にプロとして進化を続けた約1年の日々である。

筆者が現地で試合を見たり、羽生さん自身にインタビューを受けてもらったり、スケート関係者を取材した約4000日間のメモと記録をまとめた。

山と溪谷社が発行するフィギュアスケート専門誌『Quadruple Axel』の村尾竜哉編集長から、「番記者が羽生さんをどう見てきたか。田中さんが羽生さんを取材してきた年月を本にしてみませんか」と声をかけてもらったときは、嬉しさと不安が交錯した。当たり前のことであるが、筆者が見た羽生さんは羽生さんの一部でしかないからだ。

本書では現場に足を運んだり、羽生さんや周囲の人たちへの取材を通じたりして、知り得たことを偽りなく、書き綴ったつもりである。長らく取材をしてきた筆者の見てきた羽生さんの「肖像」が、本書を手に取ってくれた読者のみなさんにとって、羽生さんの新たな魅力の発見につながれば、これほど光栄なことはない。

◇　◇

余談にはなるが、新聞記者の世界には「予定稿」という原稿が存在する。フィギュアスケートの注目度が高くなるにつれて、テレビ中継はゴールデンタイムと呼ばれる夜の午後9時前後になってきた。海外で行なわれる国際大会は時差の都合で日本時間の深夜開催となることもある。翌日の朝刊に間に合わせるためには、記事を入稿しておかなければならない。演技を見たら、できるだけ早く出稿できるように記者があらかじめ、事前の取材メモなどで作っておく記事を「予定稿」と呼ぶ。

羽生さんは、ある意味で記者泣かせのアスリートだった。演技後のわずか数分の取材時間であっても、発する言葉や語られるエピソードのインパクトが強すぎて、予定稿が吹き飛んでしまうからだ。

メッセージ性の強い生きたコメントやエピソードを盛り込まなければ、翌朝の新聞を目にする読者に失礼にあたる。だから、ミックスゾーンと呼ばれるリンク脇のスペースで取材が終わると、番記者たちは息を切らしながら記者席に戻って、パソコンのキーボードをたたく。なんとか締め切りに間に合わせた瞬間、私や他紙の記者たちは疲労困憊している。しかし、どこか心地よい充実感も漂う。

夜のスポーツニュースで羽生さんの演技内容や結果をすでに知っている読者に、プラス

αで何を届けることができるか。新聞記者は日々、そのことと戦っている。羽生さんは、そんな記者に期待以上の取材成果をもたらしてくれた。

いい話が聞けた。いい記事が書けた。だからこそ、疲れも吹き飛んだ。そして、羽生さんの記事はいつも破格の扱いで紙面に掲載される。前述したとおり、スポーツ紙であれば一面トップ、一般紙と呼ばれる新聞でも必ずと言っていいほど一面で結果が紹介される。破格というのはあくまで新聞の中の話であり、読者からすれば当然の扱いでもある。羽生さんはそれだけの存在感を持っているからだ。

スポーツ報道に長く携わった立場から、一つの持論がある。「アスリートは、記者を育てる」ということである。

筆者よりも30歳近く年配の先輩記者たちは、プロ野球界の往年のスーパースターである巨人の長嶋茂雄さんや王貞治さんの現役時代を取材した日々をまるで昨日のように楽しそうに振り返る。メジャーリーガーとなった松井秀喜さんやイチローさん、松坂大輔さんたちを取材した同僚記者たちも同様だ。

野球に限らず、サッカー日本代表や五輪競技にもこうしたアスリートはいる。そして、筆者を含めたここ10年ほどのフィギュアスケート担当記者はまさに、羽生さんに育ててもらった世代の記者である。

読者離れ、メディア離れが言われて久しい時代である。それぞれの報道機関はテレビも新聞もその他の媒体も決められた経費の中でしか取材はできない。予算は削減の一途をたどっている。自らが担当する競技に注目が集まらなければ、海外取材はできない。五輪本番で発行されるメディアパスも他競技を担当する記者に譲らなければならなくなる。

しかし、羽生さんが3度の五輪に出場した年月、フィギュアスケートの担当記者、カメラマンは常に恵まれた環境で取材することができた。そして、大きな大会を取材する経験を積むことで、記者としての地力も培うことができた。

偉大なアスリートと巡り合うことができるかは、運に委ねられている。信じられないような幸運を手にした羽生さんの番記者が、取材というフィルターを通して見た等身大の「羽生結弦」をぜひ、手に取って読んでもらえれば幸いである。

※スポーツ報道では、アスリートの敬称を略することが一般的であるが、本書では現役時代の肩書は「選手」、引退後は「氏」あるいは「さん」を呼称とした。

目次

羽生結弦の肖像

番記者が見た絶対王者の4000日

カバー写真　長瀬友哉（フォート・キシモト）
表紙写真　小橋　城
デザイン　須賀　稔
校　正　戸羽一郎
編　集　村尾竜哉（山と溪谷社）

Joe Kobashi

第1章

旅立ちのとき

①決意の記者会見

東京・港区のホテルの記者会見場に濃紺のスーツ姿を見せた羽生結弦さんは2022年7月19日午後5時、晴れやかな表情を浮かべていた。

「プロのアスリートとしてスケートを続けていくことを決意いたしました」

登壇した羽生さんの声が響いた。大勢の報道陣が詰めかけ、最前列には多数のカメラマンが陣取り、会場の最後方には10台近いテレビカメラが羽生さんの一挙手一投足をとらえていた。

記者会見は、テレビ各局の夕方のニュース番組の時間帯にも重なり、生中継も行なわれた。熱気に包まれた会場でマイクを手にした羽生さんは、競技者からの卒業と同時に、プロスケーターへの転向を宣言した。

この会見には、従来の慣例にとらわれない羽生さんの「思い」があった。それは「引退」の二文字を使わないことだった。羽生さんは「使いたくない」とも強調した。

それは、競技者からプロスケーターへの転向が、競技から身を引くという趣旨ではなく、むしろ「進化」を意味しているからだった。

◇

日本スケート連盟は22年4月21日の理事会で22‐23年シーズン、つまり北京五輪後の翌シーズンの強化選手を発表した。

そこには羽生選手の名前が最上位の特別強化選手として記されていたが、これは竹内洋輔フィギュア強化部長が理事会後に報道陣の囲み取材で「こちらの基準に沿って決めている」とし、羽生選手から新たなシーズンについての意思表示は受けていないことを認めた形式的な決定だった。

羽生さんが会見で明かしたところによれば、プロ転向を決断したのは、オフのアイスショー『ファンタジー・オン・アイス』のときだった。

羽生さんが例年、座長的な存在として出演者の中枢を担うショーはこの年、5月末の千葉・幕張を皮切りに全国4会場で行なわれた。北京五輪直後の世界選手権をケガで欠場した羽生さんにとって、観客の前で五輪以来となる演技を披露する場となった。

観客からの大歓声を浴びる中、羽生さんは「あらためて、より高いステージに立ちたいなと、より一層、努力したことが、ちゃんとみなさんに伝わるステージに行きたいなと思いました」と、プロの舞台へ活動の場を移す覚悟を決めたという。

羽生さんが会見で発した言葉には、フィギュアスケートにおける「プロ」の定義を変えたいという決意が見てとれた。

羽生さんは野球を例に挙げて語った。

「甲子園に出た選手が野球をそこまで頑張ってきて、プロになりました、それが引退かといわれたら、そんなことないじゃないですか。僕はそれと同じだと思っていて。むしろ、ここからがスタートで、これからどうやって自分を見せていけるか、頑張っていけるかが大事だと思っていて。フィギュアスケートって、現役がアマチュアみたいな感じで、すごく不思議だなと思っています。ここで『ありがとうございました』じゃないというのは、自分がいちばん思っています。新たなスタートを切ったなと思っていて、さらに見る価値があるなと思ってもらえるような演技をするために、これからも努力していきたいです」

多くのスポーツはいわゆる「アマチュア」と呼ばれる世界で活躍したアスリートにはより高いレベル、高い評価を得られる「プロ」の舞台が用意される。

フィギュアスケートでは、五輪や世界選手権に出場する選手は、日本スケート連盟から派遣される。強化選手や代表に選出されるには、グランプリ（ＧＰ）シリーズや全日本選手権などの選考大会に出場することが条件となってくる。

こうした大会に出場しなくなった時点で、選手は競技からの「引退」を表明し、プロスケーターへと転向する。プロの舞台は華やかな演出が可能となり、ジャンプの種類や回数に縛りがなく、スピンやステップも自由な選択ができる。採点競技の枠から外れるため、プロ転向後の活動の場はおもにアイスショーに移っていく。

もちろん、フィギュア界の事情もある。年齢を重ねる中で体型の変化などで、高難度のジャンプを跳ぶことが難しくなる。

一方、円熟味を増す表現力やスケーティングで魅せる要素が強くなることで、「競技」よりも「ショー」の色合いが濃くなっていく。しかし、羽生さんは会見でこうした慣習に真っ向から「異」を唱えた。そして、羽生さんはプロの舞台でも、より高みを目指すと宣言したのだ。

「現在も4回転半（4回転アクセル）の練習を常にやっています。もちろん4回転半ジャンプも成功させて、それをみなさんと共有できたり、みなさんの前で成功させられたりしたらいいなということを強く思っています」

北京五輪では、ISUから技として「認定」されたものの、完璧な着氷を決められなかった4回転アクセルの成功を、プロの舞台へ移しても追求していく姿勢を表明したのである。プロ転向が「進化」だという言葉には説得力があった。羽生さんだからこそ、言えた「プロ宣言」だった。

◇

じつは会見の少し前、タイムスケジュールなどを調整する関係者が歩み寄ってきて、筆者に声をかけてくれた。

「田中さん、羽生さんが会見で記者のみなさんの質問に答えてくれることになっています。各社1問ですが、時間の関係ですべての記者をあてることはできないかもしれません。羽生さんを長く取材してきた記者の人たちは、できるだけ指名できるようにしたいと思っています」

異例とも言える対応だったが、すでに質問の意向を尋ねたという記者の面々を聞けば、納得できる顔ぶれだった。

筆者は「もし、時間が許せばお願いします」と答えると、「わかりました」と応じてくれた。

会見の質問では、涙ぐむ記者や、これまでの感謝を口にする記者もいた。筆者が聞きたかったのは、いたってシンプルな質問だった。

会見の終盤、指名を受けると会見場の前方の端に設けられたスタンドマイクの元へ歩いた。空間は静寂に包まれ、わずかな距離がとても長く感じられた。

「羽生さん、本日はありがとうございます」。こう切り出した上で、「羽生さんは競技者としてのパフォーマンスだけでなく、その言動から人格的にも高い評価を受けてきたアスリートだったと思います」と続けた。羽生さんは小さく横に首を振って、謙遜しつつもこちらを見て、質問に耳を傾けてくれた。

「羽生結弦という存在でいることは、ご自身にとってどういう心境だったのか。重圧や、本当はしんどく思う瞬間はなかったのでしょうか。もしも、明かせることがあれば教えていただけますか」

羽生さんは質問者である筆者、そして会見場全体、さらには最後方のテレビカメラに順番に視線を移しながら、やや声のトーンを下げてこう切り出した。

「羽生結弦の存在は常に重荷でした」

この一言は、会見直後のインターネットニュースサイトでも「見出し」として各社がピックアップして報じるほどのインパクトがあった。

羽生さんはこの一言に続けて、「心がからっぽになり、『そんなにたたかなくてもいいじゃん』と思ったこともあります。それでも、その名に恥じないように生きてきたつもりですし、今後も羽生結弦で生きていきたい」と答えてくれた。

率直な心境を明かしてくれた。同時に、人知れず、苦しんできた「孤高の王者」の存在を垣間見た気がした。羽生さんは最後まで笑顔だった。名残惜しむカメラマンがたくさんのショットを求めたが、快く応じて会見を終えた。

東京・赤坂から同僚記者とともに、大手町の産経新聞東京本社に戻ると、締め切り時間まで1時間近く残っていた。事前に会見をアナウンスし、会見後に原稿を書く時間にも余裕を持たせてくれた。最初から最後まで気配りの会見だった。

会社に戻ると、一心不乱に原稿を書き上げた。翌日の産経新聞朝刊では、一面に「羽生競技退きプロ転向」「理想のフィギュア追い求める」「五輪連覇 不屈の絶対王者」と3本の見出しが入った大型記事を出稿し、運動面にも「新たなスケート人生切り開く」などのタイトルでサイド記事を掲載。ほかに、社会部の記者が、社会面にも関連記事を掲載した。

翌朝のスポーツ紙は全紙が一面だった。当然の扱いだった。

もちろん、新聞だけではない。会見当日の夜のテレビはNHKも民放各局も、たくさんの時間を割いた。

日々のニュースを報じることは、「時代の歴史」を後世に残す役割があるといわれている。羽生さんがフィギュア男子で五輪を連覇したのは66年ぶり、ジュニアとシニアの主要国際大会のタイトルをすべて制する「スーパースラム」を達成したのは男子史上初。こうしたニュースとともに、時代背景なども記録として残る。「絶対王者」の競技者としての歴史を、担当記者は「証人」として残したのである。

②幕開けは故郷・仙台のリンクから

プロ転向を宣言した記者会見から約3週間が経過した22年8月10日、羽生さんがプロとしての第一歩を踏み出した地は、故郷・宮城県仙台市だった。

場所はアイスリンク仙台。羽生さんにとってはカナダ・トロントへ拠点を移す前、さらにはコロナ禍以降も拠点として練習に励んだ特別な場所でもある。

「やっぱりここは、リニューアルする前に、自分自身がスケートを始めたいちばんの思い出の場所です。そして、いまもメインで練習させていただいている活動拠点です。そういう意味も込めて、ここで練習する姿を見ていただけたらいいなと思いました。あとは、僕は仙台がすごく好きなので。正直、カナダに練習拠点を移したときも、やっぱり仙台を離れたくないなって、泣きながら行ったほどです。いま、こうやって仙台で滑ることができていて、嬉しいです」

羽生さんが何度も失敗を繰り返した日々もこのリンクにあった。

「思いきり、4T（トウループ）の練習をして、回転が足りなくて転びまくったことが懐かしいなって思っていました」

懐かしむような表情を浮かべた。

そんな仙台からのリスタート。たくさんの報道陣を招いた公開練習は、自らが考案した『SharePractice』（シェアプラクティス）と題して行なわれた。

直訳すれば、「練習を共有する」という趣旨のタイトルには、羽生さんのこだわりが詰まっていた。

「半角スペースを入れずに『SharePractice』にしましたが、自分の中で一つの単語みたいな、新しい造語みたいに考えています」と説明した。「最初は公開練習でいいかなとか、オープンプラクティスとか、いろいろと考えていましたが、みなさんと共有して一緒に

Joe Kobashi

Joe Kobashi

戦っていけるものを考えたときに、シェアがいちばん、自分らしいかなと思いました。イベントでありつつも、戦い抜く姿を見てほしいというのも、かなり、趣旨として、テーマとして大きかったので、練習という単語は絶対に外さずに『SharePractice』という名前に僕が決めました」

当日の練習の様子は、新たに開設した自身のYouTubeチャンネルでライブ配信が行なわれた。ファンの人たちとも同じ時間を共有する意図があった。

事前のリリースでは公開練習の内容までは明かされていなかった。この日、いちばんのサプライズは、名プログラム『SEIMEI』の披露だった。

「(プロ転向表明から約1カ月と)本当に急だったので、演目や曲が限られた中ではありましたが、平昌オリンピックのときと同じ構成の『SEIMEI』をノーミスすることが今回の目標で、あのときよりもうまいことを証明したいって、そういう強い意思があり、今日最後まで滑りきらせていただきました」

「平昌オリンピックの『SEIMEI』のイメージがかなり強いと思うんですよね」と羽生さんが認めるように、大会約3カ月前の右足首の負傷からぶっつけ本番で臨んだ五輪で男子66年ぶりの連覇を自らたぐり寄せたときの『SEIMEI』が多くのファンの脳裏に焼き付いている。

「あのとき、ノーミスだったわけではありません。本来の演技は、足首の状態を含めて、なかなかできなかったので、今回は、あれから成長しているところを見せたかったのが、いちばん強かったです」

羽生さんはこの日、3度も、しかも連続で『SEIMEI』を滑った。

これは羽生さんにとっては日常だったようで、「今回は、実際の練習の光景にちょっと近いです」と振り返った。

そして、この日の演技を念頭に、「実際は3回ノーミスでも滑りますが、今日は気合が入りすぎて、空回りしていた部分もあったかなと思います」とにこやかに話しつつも、プライドをにじませた。

羽生さんはこの日、報道陣の囲み取材にも丁寧に応じている。衝撃のプロ転向宣言から約3週間。羽生さんはどんな時間を過ごしてきたのか。

「(プロスケーターとして)いろんな活動をしていくにあたって、自分としてもやらなきゃいけないこと、プロとしてやらなきゃいけないこととか、いままでは人まかせにしてきたことを、自分から率先して考えてやりました。もちろん、大変です。睡眠時間はかなり減ったと思います。でも、気持ちの中では、むしろ競技者よりもハードな練習をしなきゃなって思っていて、実際、やっています」

言葉の端々からこぼれるのは、プロフェッショナルであることの決意だった。

さらに、「いままでは試合というものに追われながら頑張ってきましたが、いまはみなさんの期待を超えたいです」と自らに重圧をかける。プロとして腹をくくり、「競技者としては、ケガが多かったですが、プロになったら欠場は許されないですし、楽しみにしてくださっている方の気持ちを踏みにじりたくないと思うので、これからプロのアスリートとして、ケガをしないように、みなさんに常に高いレベルで見ていただけるように頑張っていきたいなって思っています」と語り、逃げ道をつくろうとはしなかった。

羽生さんの語り口からは、プロスケーターとして、競技者時代とは違うこだわりも、ひときわ強く持っているように見えた。

「プロとして活動していくときに、競技とは違うなって思う点がもちろんあります。たとえば（競技会のように）6分間練習をやって、一つのプログラムをやって、点数をつけてもらうためだけのスケートじゃなくて、みなさんに見ていただけるようなプログラムをやっていかないといけないというのはありますし、僕の場合は競技と変わらない、さらに今日の『SEIMEI』のように、競技よりさらにギアを一つ上げた演技をしていかないといけないと思っています」

五輪連覇に前人未踏の4回転アクセル、絶対王者の称号……。羽生さんが「プロとしてギアを上げる」とハードルを高くした理想形を演じることは決して簡単ではない。

「きついです。年内はある程度、メドが立ってきました。年内に『これをやりたい』『あれをやりたい』というのは、ちょっとずつ決まってきていて、そのための練習もしていきます。寝る時間を削りながらでもいろいろと頑張ってやりたいと思うので、楽しみにしていてほしいです。新しいショーを組み立てようとしているときもその練習をしているときも、ほんときついなと思いながらやっていますが、レベルを落とすことなく、最後までやりきりたいなと思うので、ぜひ新しいショーの形も、これからの自分自身の瞬発的なレベルの高さも期待していただけたら嬉しいです」

異例の無料ライブ配信となったこの日の『SharePractice』には、10万人の視聴者が集まった。カメラがとらえた羽生さんは、リンクで滑る前の真剣な表情や、入念にアップする様子もすべてをさらけ出した。こうしたすべての演出にも、羽生さんの思いが込められていた。

「羽生結弦って、根本的にこういう練習をしているんだとか、フィギュアスケートってすごく華やかなイメージがあると思うんですけど、その中でこんなに泥臭く、必死でもがいて練習している姿があるんだということをちょっと見ていただきたいと思って、少しでも、スケートに興味がない方にも見ていただけるようにしたいなと思って公開させていただきました」

4回転アクセルの現状についても質問が及ぶと、「『もう4Aはいいじゃん』って思う人もいるかもしれませんが、自分はいまも夜中に練習しています。今日は思ったように体が動かなくて悔しかったですけど、これからまだどんどん練習していって、絶対に4Aを降りる姿を見ていただけるように、死に物狂いで頑張っていきたいと思っています。プログラムの中で跳ぶ機会があったらと思っています」と力を込めた。

もちろん、超大技の成功にはコンディションや練習の強度など、乗り越えるハードルは高い。「まだ、そういう確率にもなっていないですし、足首への負担もかなりかかるジャンプなので、平昌オリンピックでの経験とか、これまで培ってきたこと、学んできたことを生かして、もっとうまくなれたらなと思います」と結んだ。

羽生さんはこの日の公開練習後、メディア全体への取材対応を行なった上で、新聞・雑誌など25にも及ぶ媒体にそれぞれ5分の時間を振り分けて、単独取材の機会を用意してくれていた。全体でいえば、2時間を超えるインタビューを受けることになる。

だが、羽生さんは「いままで公開練習や試合の中で、個別のインタビューを受けることがなかなかできなかったので、個別の取材をなんとか、無理やりでも入れたいと思いました。ぜひ、各社さんの羽生結弦というものを書いていただけたら嬉しいです」と真意を語った。

「地獄のインタビュー」と笑って報道陣を和ませる配慮まで見せ、長時間に及ぶ報道各社の取材を丁寧にこなした。

このインタビューは文字どおりの「地獄」になりうるものである。報道各社は当然、それぞれに特色や独自色を持たせたインタビューにしたいという狙いがある。

一般紙、スポーツ紙、フィギュアの専門誌など媒体によっても、聞きたい内容は変わる。頭の中で聞き手の意図を理解し、答えるというのは並大抵のことではない。

羽生さんはかつて、こんな話をしていたことがある。「いろんなことを話すことで、課題が明確に言葉として出てくる」。競技者時代の羽生さんは、インタビューも進化のための要素にとらえていた。

羽生さんが思いをシェアしたのは、報道陣やファンだけではない。幼少期からトップスケーターへと駆け上がるプロセスにおいて、お世話になった指導者たちへの感謝もあらためて口にした。

遠くカナダ・トロントのクリケット・クラブ（トロント・クリケット・スケーティング・アンド・カーリング・クラブ）への思いもはせた。

「ほんとは早く僕が練習していたチームの元に帰ってあいさつしたいと思っているけど、かなりバタバタしていて、なかなかあいさつできていなくて心苦しいところはあります。ただ、今日も（クリケット・クラブでジャンプコーチとして指導してくれた）ジスラン（・ブリアン・コーチ）からメールが来ていて、『見てるからね』って。最後の最後までこうやって見届けてくれようとしている姿勢とか、いろんなアドバイスを遠くからでもいつも送ってくれているので、早く、直接会ってあいさつがしたいですね。ジスランも（スケーティングを指導してくれた）トレイシー（・ウィルソン・コーチ）も（メインコーチとして五輪連覇に導いた）ブライアン（・オーサー・コーチ）にも会えていない期間がすごく長いので、早く自分のコーチたちにも『ありがとうございました。これからもよろしくお願いします』とあいさつに行きたいです。あとは仙台でここを拠点にしている（阿部）奈々美先生とか、（田中）総司先生、（スケートを始めて、最初に出会ったコーチである）山田（真実）先生、（『アクセルは王様のジャンプ』と説いた）都築（章一郎）先生にもあいさつに行く機会があったらなって思っています。今日の配信を見てくださるかもしれないし、直接行くことができたら、『本当にありがとうございました』という気持ちを届けたいですね」

いつも感謝を忘れない羽生さんの思いがあふれるように、恩師や指導者の名前が次から次へと口をついていた。

③新たな門出『プロローグ』

プロ転向表明から2カ月足らずの22年9月。明るいニュースが飛び込んできた。羽生さんが単独でのアイスショーを行なうことが発表された。

筆者を含めた多くの記者は度肝を抜かれた。アイスショーは一般的に公演の所用時間が2時間近くに及ぶエンターテインメントで、たくさんのスケーターが出演することで成立する。しかし、転向後初のアイスショーの出演者は、羽生さんただ一人。単独で演じるという発想は斬新かつ従来の常識を覆すものだった。

プロスケーターとしての新たな物語のスタートに位置付けたショーのタイトルは『プロローグ』。単独公演に加え、総合演出も自らが手掛けた。会場には、羽生さんの番記者やカメラマンたちも取材に駆けつけていた。

異例ずくめの始まりは、22年11月4日午後6時。門出を祝うかのように、横浜市のぴあアリーナMM周辺の天候は晴天に恵まれていた。

プロスケーターとしての羽生さんはどんな幕開けを演じるのか。静寂に包まれた氷上に登場した羽生さんは、シンプルな白のジャージー姿だった。華やかなアイスショーにもかかわらず、控えめな衣装。チケット完売で満員となった会場の観客も報道陣も一瞬、虚を突かれたようになった。

しかし、これは直後のアナウンスによってサプライズを呼び込むための最初の「演出」だったのだ。

「ただいまより、6分間練習を行ないます」

リンク上の照明がすべて点灯した空間は「競技会」の雰囲気そのものだった。

一般的なアイスショーでは、華やかな演出の中にあって、転倒などの失敗を避ける傾向にある。そのため、ジャンプの難易度を落としても、プログラムの流れを切らないことが優先される。

しかし、羽生さんは違う。ショーで演じるプログラムのための調整までのプロセスも観客に披露した。スケーターに幻想的なスポットライトを当てる一般的なアイスショーとはかけ離れていた。プロに転向した羽生さんが新たなフィギュアスケートの一面を演出しようとする「決意」が見てとれたシーンだった。

「6分間練習ということと、アイスショーでは考えられない、全部の照明をたいた状態でやるっていうことも含めて、自分で考えましたが、正直どういう反応をしていただけるか、僕自身も6分間練習ということを、試合の場ではない中でやるということで、どれくらい集中できるかっていうことも不安で仕方ありませんでした」

百戦錬磨の羽生さんにとっても、初めての試みにどんな反応が示されるか不安もあったという。

新境地を切り開くリスクを避ければ、「いつものアイスショー」に終始してしまう。競技者として4回転アクセルに挑み続けたプロセスが、羽生さんのプロ人生にも活きているように見えた。

実際、羽生さんが明かした不安とは対照的に、会場は「ワクワク感」に包まれていく。真剣勝負のような緊張感が張り詰めた会場で、羽生さんは競技会と同じように集中力を研ぎ澄ませていった。

4回転サルコウにトリプルアクセル、一つ一つのジャンプの精度を入念に確認していく姿が印象的だった。

最初のプログラムは、羽生さんの思い入れも深い『SEIMEI』だった。振り返るまでもないが、本番3カ月前に右足首を負傷するアクシデントに見舞われながらも、男子66年ぶりとなる五輪連覇を成し遂げた2018年平昌五輪のフリーで演じた和の演目だ。

新型コロナウイルス禍の20年2月、ジュニアとシニアの主要国際大会を全制覇する「スーパースラム」の最後のピースとして、初優勝を飾った韓国・ソウルでの四大陸選手権でも滑るなど、通算で3シーズン演じた羽生さんの「代名詞」ともいえるプログラムの一つでもあった。

『プロローグ』は異例の単独ショーで、出演者は羽生さんのみ。ショーのタイトルもロゴのデザインも、構成、細かな演出に至るまでのすべてを、プロとしてスタートした自らが手掛けている。『SEIMEI』を最初のプログラムで演じるという順番を決めたのも、もちろん羽生さんだ。

「演技の順番も含めて、何を入れようかって考えたとき、最初に平昌オリンピックの僕の代表曲でもある『ＳＥＩＭＥＩ』を滑らせていただきました」

演技ではサルコウ、トウループの2種類の4回転を含む5本のジャンプを成功させた。特筆すべきはプロ仕様に染められたジャンプ構成だ。

ルールが厳格な競技会では、同じジャンプは2本までしか入れることができない。しかし、『プロローグ』のリンクは、プロスケーターの羽生さんが自ら手掛けるショーだ。つまり、ルールの枠をはみ出すことも、羽生さんが決めれば実現できる。

羽生さんが用意したサプライズはトリプルアクセル3本の構成だった。

ファンは平昌五輪に思いをはせつつ、羽生さんが得意とするトリプルアクセルを1本多く見る機会に恵まれた。羽生さんは演技後、「プロになったからこそできる、トリプルアクセル3発みたいなこともやってみました」と確信犯的に振り返った。

競技会さながらの真剣な演技を、規制の枠にとらわれずに演じる――。これこそが、プロ転向の最大のメリットといえた。

羽生さん自らが「4分7秒くらい」と話す演技時間の集中力は卓越していた。

「『SEIMEI』に関しては完全に平昌オリンピックを思い出しながら、やらせていただきました」

競技会で出来栄えを見るのがジャッジなら、『プロローグ』を見るのは目の肥えた観客ということになる。

「試合だったら目の前にジャッジの方がいるんですけど、大勢のお客さま方が目の前にいるっていうのは、自分の中でも、すごく試されていると思いましたし、自分自身も試さなくてはいけないと感じながら滑っていました」

心地よい汗を流した羽生さんは、「いい緊張感の中でできたと思います」と確かな手応えを感じ取った様子だった。

◇

羽生さんが中心を担い、6月まで開催されていた毎年恒例のショー『ファンタジー・オン・アイス』以来となる『プロローグ』は、プロに転向して最初の公演でもあった。

「7月にプロ転向の会見をさせていただいてから、会場を含めてすべての企画がスタートしました。かなり時間がない中で、大勢のスタッフの方々に頼みながら、自分の要望に応えてつくっていただきました。まず、それだけで感謝の気持ちでいっぱいです」と、支えてくれた周囲への感謝を語った。

さらに、「自分の中では、これから始まる物語の中での『プロローグ』であり、自分がこれからまた新たな決意を胸に、目標に、夢に向かって一歩ずつ進んでいくんだということを、あらためてみなさんと共有しながら、次のステップにつながるようにとの思いを込めました」と明かした。

極限までクオリティにこだわり抜いた羽生さんは、本番ではスケーターとしてぶっちぎった。約90分でリクエスト2曲を含む珠玉の8プログラムを熱演した。『SEIMEI』から始まり、名プログラムをほぼ休みなしで滑りきった。演目間の休憩時間はわずかでひと息つく暇もなく、しかも羽生さんは演技の間にトークタイムを組み込んでいた。

時折、漏れる息遣いからは、全身全霊でショーに臨んでいる覚悟がにじんでいるようだった。

トークタイムでは「質問コーナー」が設けられた。事前の募集で集まった質問はなんと2万7000にのぼった。厳選の結果、司会者から最初の質問として羽生さんに向けられたのは、「『プロローグ』で羽生さんが紡ぐ物語の中で、とくに観客のみなさんに受け取ってほしいテーマはなんですか」というものだった。

羽生さんは「ありがとうございます」と切り出し、「これは僕が最初に質問として答えるべきかと思って選ばせてもらいました。僕自身がまずはいろんなことを経て、ここまで来られたということの道筋や、フィギュアスケートって一つとして同じ演技が存在しませんが、『羽生結弦』というドキュメントを見ていただきたいと思い、この『プロローグ』というアイスショーを自分の中でも構成しました。ぜひ自分自身の過去や、これから進む道のりの中にこんな経験があって、頑張ることができているということを見ていただけたら嬉しいと思います」と語り、会場からは自然と拍手が起こった。

羽生さんの呼称に関しても質問が及んだ。メディアでは一般的に、現役アスリートは敬称を略すか、「選手」という表記を使う。一方、競技からの引退を表明した選手は、「さん」付けへと変わる。

では、羽生さんはどうなのか。プロに転向しても、競技者の姿勢を貫く羽生さんについて、「これからも羽生結弦選手と呼ばせていただいてもよろしいでしょうか?」と、本人の受け止めを問う秀逸な質問だった。

マイクを握る羽生さんは、「いろいろな方からも『どう呼んだらいいの?』と言われたりしていて、いつか答えたいなと思っていた一つです」と打ち明けた。
「いままでのフィギュアスケートの流れであれば、ある意味、プロになった時点で選手ではなくなってしまうかもしれないですけど、僕にとっては競技をやっていくのとなんら変わらない。今日も『SEIMEI』をやる前に、試合同様のアップをしてきましたけど、それくらい試合とはなんら変わらない自分でいます。また、試合以上に、ほとんどフリーみたいなことをやって、そのあとすぐ5分後に『CHANGE』をやらなきゃいけないという。ふふふ（笑）。めちゃくちゃ大変だったんですけど、でも、ある意味では選手時代よりも、かなり体力をつけてきたつもりですし、いろんな表現もできるようになったつもりです。そういう意味では、これからも『選手』って呼んでいただけたら僕は嬉しいなと思っています」

会場は再び拍手で包まれた。

このショーでは、現地に足を運んだ観客による「リクエスト」のコーナーも設けられた。
「僕自身が、この会場でみなさんにリクエストをいただいて、それに応えて少しずつ、本当に一部ですけど、ステップ一つとかですが、滑りたいなと思って、こういう企画を用意してみました」

観客は会場で配布されたバングル（ブレスレット）を腕にはめ、演じてほしいプログラムをそれぞれがリクエストする。リクエストはバングルの色で意思表示することになっている。青は『悲愴』、白は『ロシアより愛をこめて』、紫は『レッツ・ゴー・クレイジー』、グリーンは『花になれ』となっていた。羽生さんのアイデアだったが、バングルの手配はギリギリだったという。「スタッフさんに『間に合わないよ』って言われて、どうしようと思ったんですけど」と舞台裏を明かした。

羽生さんの掛け声に合わせて、会場がそれぞれのカラーで彩りあふれた様子になると、羽生さんは「きれい！　もう、リクエストどうでもよくなった（笑）。あぁ、もう、全部滑りますか？」と言うほど感動していた。

羽生さんの目にたくさん映ったのは紫だった。

「プリンスさんの思いを込めて滑らせていただきます。ご覧ください」

演技を終えた羽生さんは、『レッツ・ゴー・クレイジー』の思い出を明かした。

「このプログラムは、自分自身も4回転ループがなかなかうまく決まらなくて、『もうちょい』とやっていたり、みなさんの中で話題になっていたり……。あとは、プリンスさんのファンの方々が、自分の演技を見て、『プリンスさんに共通するものがある』と言ってくださって、本当に畏れ多いですけど、とても嬉しいという思いでいっぱいになったプログラムでした。みなさんにも喜んでいただけたら幸いです」

この日の観客席には、羽生さんにとってかけがえのない恩師の姿があった。都築章一郎氏である。

幼少時代の羽生さんに「男子のフィギュアスケートはいずれ、５回転の時代が到来する」とジャンプ技術の向上を後押しすると同時に、羽生さんが得意とし、６種類あるジャンプの中で唯一前向きに跳ぶアクセルを「王様のジャンプ」と言い聞かせたコーチである。羽生さんは「今日はなんと、『ロシアより愛をこめて』の振り付けを担当してくださいました、自分の恩師でもある都築先生が来てくださっています！　みなさん、大きな拍手を！」と自ら紹介し、リンクサイドへ歩み寄って都築氏と握手を交わした。「めちゃくちゃ嬉しいです。お久しぶりです」とあいさつした上で、次に滑るプログラムを明かした。

曲名は『スパルタカス』だ。

「（観客の）みなさんの中に、たぶん記憶に残っているものではないと思いますけど、『スパルタカス』という、自分の初めてのショートプログラムです」

じつは、このプログラムを小学生時代の羽生さんに振り付けたのも、都築氏だった。

「ノービスのときに香港（アジアノービス選手権）などのショートプログラムで滑らせていただいた、自分にとっても思い出深いプログラムです。自分はまだ小学生だったので、このプログラムに対して、とくに何かストーリーがあるとか、そういうものではまったくないですけど、都築先生に徹底的に習っていた基礎的なスケーティングや、いわゆる旧ジャッジといわれる6・0方式のときのステップで、いまだったら見られないような面白いステップが組み込まれています」と前置きした上でのプログラム披露だった。

話題に事欠かない、驚きの連続となったショーだが、特筆すべきは単独公演というスタイルである。ほかのスケーターの演技中に休養を挟む、ということができない中、「選手」としての意識で『プロローグ』に臨んだ羽生さんは、この日のために驚異的なスタミナも培ってきた。ショーのあとの取材で、こう明かしている。

「体力強化は本当に大変でした。ここに来るまでにシミュレーションで、頭（最初）から最後まで通すってことを5回ほどやってきましたが、僕は一つのプログラムに全力を尽くしてしまうので、（以前は）そのあとにまた滑るということが考えられなかったんですけど、なんとかここまで体力をつけることができたなと思っています」

加えて、頭の中もフル回転させた準備期間だった。

「やっぱり自分が表現したい世界だったり、自分の演技と演技の間のＶＴＲだったり、そういったものにストーリー性を、物語をよりみなさんに伝えやすくする作業だったり、自分が意図するものがちゃんと伝わるようにということを考えながら編集したりする作業もすごく大変でした。今日の朝までかかって出来上がったものなので。もちろん、まだまだやりたいこともありますし、もちろん、もっとこうできたかなと思うこともありますが、本当に自分一人ではできなかったですし、何より自分の意志をここまで尊重していただきながら、ここまで大勢のみなさんが心を一つにしてくださったというのは、普通ではできないことだと思うので、これまでのいわゆるアマチュア時代もしかり、誠心誠意、頑張ってきてよかったなと」

◇

ショーでは、初めて自ら振り付けた新プログラムも滑った。タイトルも自らつけた『いつか終わる夢』。演技後の取材で、一人の記者がコンセプトを問うと、羽生さんは順を追って説明を始めた。

「一言で表わすのはちょっと難しいですが、最初に『振り付けをこの曲につけたいな』って思いました」。きっかけは、何気ない日常の練習からだった。

「滑りながら、この曲を流していたときに、クールダウンの動きをやったらピタッとはまったんですね。そのときに、そういえば、（ファンの）みなさんが『クールダウンをすごく見たいな』って言ってくださっていたなって。『あれだけで充分満たされる』っていう声をいただいていたなっていうことがあったので、『じゃあ、プログラムにしよう』と思いつきました」

原作は人気ロールプレーイングゲームの『ファイナルファンタジーX（テン）』。羽生さんが「めちゃくちゃ好きで、世代」と興奮気味に話すゲームのテーマソングの一つである。

そこから、なぜ、『いつか終わる夢』というタイトルにたどり着いたのか——。

「僕自身の夢って、もともとはオリンピック2連覇でした。そして、（達成した）その後に4回転半という夢をあらためて設定して、追い求めてきました。アマチュアっていう競技では、僕が達成することができなくなったし、ISU公認大会の初めての成功者にはもうなれません。終わってしまった夢かもしれません。そういう意味で『いつか終わる夢』」

羽生さんは偽りのない心境を、ショーの直後の疲れた状態でも意図を明かすために必要な前提として丁寧に話してくれた。そして、心の揺れ動きについて言葉を紡いだ。

「（４回転アクセルの成功は）みなさんに期待していただいているのにできなかった。だけど、（プロに転向して）やりたいと願っている。だけど、もう疲れてやりたくないな、みたいな。みなさんに応援していただけば、いただくほど、自分の気持ちが壊れていって、何も聞きたくなくなって……、でも、やっぱりみなさんの期待に応えたくなる。そんな自分の心の中のジレンマみたいなものを表現したつもりです」

難攻不落の超大技と向き合う心身にタフな日々を過ごし、簡単に答えが出せない複雑な心境を、ファンが好きだと言ってくれたクールダウンの動きを取り入れて振り付けたプログラムに乗せて滑っていたのだ。

もちろん、下を向いていてはプログラムに気持ちは乗らない。

「原作だと、魂とともに舞っていたり、歌っていたり、感情を表現していたり……、僕自身も、本当に魂を込めて応援してくださっている方々がたくさんいるんだなっていうのは思っていて。今回のプログラムは、みなさんの応援の光がすごくまぶしくて、でも、みなさんの思いと一緒に滑っている。最終的には、みなさんの思いを集めて自分はまた滑り続けるんだと思って、この曲に思いを込めました」

◇

この新ナンバーと『春よ、来い』は、人気女性グループ『Ｐｅｒｆｕｍｅ（パフューム）』の振り付けなどを手掛けるＭＩＫＩＫＯさんに演出を依頼し、プロジェクションマッピングによる幻想的な空間が銀盤に描かれた。

「みなさんのフィギュアスケートを見る目がまた変わったと思いますし、実際の会場で自分と同じ目線から見るスケートと、上から見るスケート、カメラを通して見るスケートはまったく違う見え方もすると思うので、ぜひぜひ、そういったところも楽しんでいただきたいと思っている、プログラムです」。丁寧にたっぷりと思いのたけを語ってくれた羽生さんは、少し照れたように「すみません、長くて」と笑みを浮かべた。

新たな物語の始まりであるはずの『プロローグ』は、「序章」というには濃密すぎる時間とクオリティだった。

「プロ転向の記者会見でも言ったかもしれませんが、プロだからこそみたいな目標って、具体的に見えていません。なんか、こういうことって僕の人生で初めてのことです。いままでは、常にオリンピックで金メダルを獲るという目標があった上で、生活してきたので。だから、いまはちょっと宙ぶらりんな感じではいます。ただ、こうやって、まずはこの『プロローグ』を毎日毎日、成功させるために努力していったこととか、また今日は今日で一つ一つのジャンプだったり、演技だったり、そういったものに集中していたことと か、そういったことがたぶん積み重なって、また新たな羽生結弦っていうステージにつながっていったり、積み重なっていくことで新たな基盤ができていったりすると思っています。なので、いまできることを目いっぱいやって、フィギュアスケートの限界を超えていけるようにしたいなっていう気持ちでいます。それが、これからの僕の物語としてあったらいいなって思います」

さらりと言ってのけた「フィギュアスケートの限界を超える」というフレーズは、競技会に「絶対王者」として君臨し続けた羽生さんだからこそ、会話の中に自然に溶け込んでいるような気がした。

プロ転向後の最初の囲み取材には、コロナ禍におけるソーシャルディスタンスを取った上で大勢の報道陣が訪れていた。羽生さんはいつものように「お待たせしました！　本日はありがとうございます。よろしくお願いします！」と、たくさんのレコーダーが置かれた即席の取材スペースの中央に立った。

そして、時間が許す限りの質問に答え、移動のための車に乗り込んだ。その直前、羽生さんは「みなさん、いかがでしたか？」と報道陣にショーの感想を問いかけた。ある記者が間髪入れずに答えた。「はい、最高でした！」。羽生さんは深々と頭を下げて「また、お願いします！」と柔和な笑顔を見せてくれた。カメラが回っていても、いなくても、自然体な羽生さんの人柄が垣間見えた瞬間だった。

④東京ドームからの『GIFT』

東京都心の東京ドームは、プロ野球のシーズンが始まると、多くの野球ファンでにぎわう。そんなドームには、もう一つの「顔」がある。おもに野球のシーズンオフの間は、大物アーティストのコンサートや、スポーツのビッグイベントなどが開催される特設空間として様変わりするのだ。

2023年2月26日。そんなドームに特設リンクが設けられていた。羽生さんがスケーターとして史上初めて、東京ドームで単独公演を実現させたのである。

ショーのタイトルは『GIFT』。東京ドームに届けられた一夜限りの贈り物（GIFT）は、羽生さん自らが制作総指揮を執り、ライブ演奏やトップダンサーたちとの共演、プロジェクションマッピングなどの映像も駆使し、羽生さん自身の「半生」と「これから」

をテーマにした2時間半超の壮大な物語だった。

東京ドーム内のコンコースでは開演前から観客がグッズ購入などに列をなしていた。報道受付を済ませてスタンドの記者席へ足を運ぶと、眼下のフィールドに30メートル×60メートルのリンクが、巨大な鏡のような輝きを放っていた。グラウンドに氷を張る準備は4日前から進められてきたという。

じつは舞台裏は窮地だった。本番が迫る中でのリハーサル段階では、羽生さんの体調は決して万全ではなかったという。しかし、競技者時代の大会や通常のショーとは違い、この日の出演者は羽生さんだけ。公演のキャンセルは困難な状況にあった。だからこそ、極限の状態で羽生さんはショーに臨んでいた。

プロスケーターとして最初の単独公演となった『プロローグ』に続き、今回ももちろん、チケットは完売済み。3万5000人という動員規模も、これだけの空間で観客を魅了できる企画という観点からも、五輪連覇の絶対王者と称された羽生さんだからこそ、実現できた歴史的なイベントだった。

午後5時のオープニングを前に、会場は早くも熱気に包まれていた。コロナ禍から2年超を経た今回のショーでは、観客からの〝声出し〟も解禁されることになっていた。会場内に解禁のアナウンスが流れると、スタンド2階席まで埋まった観客から歓声が響いた。

この瞬間を心待ちにしたのは、会場に詰めかけた3万5000人だけではなかった。

来場できなかったファンのために国内だけでなく、韓国、台湾、香港の映画館でライブビューイングが実施され、3万人が熱視線を送り、中国本土と北朝鮮を除く世界各国にもライブ配信が行なわれた。

フィールドに設営された巨大なアイスリンクは、野球で使用する際の内野から外野までのスペースにまたがった。外野後方部にはプロジェクションマッピングのための巨大スクリーンが設けられ、リンクサイドには生演奏で盛り上げるために名門の東京フィルハーモニー交響楽団がそろうなど、錚々たる布陣だった。

音楽部門を統括したのは、松任谷由実さんのコンサートツアーなども手掛ける武部聡志さん。『プロローグ』に引き続き、MIKIKOさんも演出を担った。

壮大な仕掛けを打つために、かつ入念な準備を重ね、たどり着いた2時間半の一夜限りの『GIFT』。羽生さんが制作総指揮を務めて表現者の可能性に挑んだ単独公演の内幕はこの日まで、ほぼすべてがベールに包まれてきた。

羽生さんが演じた2つの新曲を含む12のプログラムはもちろん、巨大なリンクのサイズや、どのような位置に設けるかなど、この日までに明らかになることはなかった。

だからこそ、オープニングから観客の高まる期待が歓声となって会場を包み込んだ。

ドーム内のライトが消え、穏やかな語り口の羽生さんのナレーションが流れた。

「そこに幸せはありますか。誰かとつながっていますか。心はこわれていませんか。大丈夫、大丈夫。この物語とプログラムたちは、あなたの味方です。これはあなたへ、あなたの味方の贈り物――」

プロジェクションマッピングで巨大な地球が映し出され、幼少期から始まった羽生さんの現役時代の軌跡が映像とともに蘇った。

「気がついたら世界があった。息をしていた。（中略）大好きなものもあった。僕は、その大好きなものになりたかった。僕にはできないことがたくさんあった。でも、少しずつ、少しずつできることが増えた。そのたびに世界があったかくなった。その世界が大好きだった。だから、もっともっと、あったかくなりたくて、できるようになりたくなった」

語り口に合わせるように燃えさかる不死鳥が映し出された巨大スクリーンを背に、両手を翼のように広げた羽生さんは赤を基調とした衣装を身にまとい、ゴンドラに乗って登場した。

まさに観客の度肝を抜く、視線を釘付けにした演出で、降臨した絶対王者。競技者時代から衰えることのない華麗な舞となめらかなスケーティング、指先まで神経を研ぎ澄ませたかのようなスピン、そして、大きく胸をそらせたイナバウアーで、最初のプログラム『火の鳥』を演じた。

通常は野球がメインに行なわれる広大なスタジアムで滑ることは、羽生さんであっても違和感が生じていた。

実際、ショーを終えたあとの囲み取材で、「技術的に言えば平衡感覚とかすごく、つかみづらかったです」と振り返ったが、公演中はそんな素振りは微塵も見せない。

幕開け後も朗読は続いた。

「僕はもっとできるようになった。世界があったかくなることが大好きだった。その世界は優しい言葉であふれていた。『すごい』『えらい』『よくできたね』。ある日、世界でいちばんあったかくなれる場所を見つけた。僕の夢になった。『いつかかなうのかなあ』『きっとかなうよ』。心の中から聞こえてくる。どうして、そんなこと言えるの? だって、君はかなえたいんでしょ? うん、僕はかなえたい。だったらかなうよ。君はできないことが嫌いだから。そういって、心の中から聞こえた。不思議な声が――」

絶対王者にして、孤高の存在としてフィギュア界に君臨してきた羽生さん。そんな強者のイメージを抱かせてきたが、羽生さんの言葉を借りれば「一人のちっぽけな人間」が、そんな肖像をつくり上げるまでの苦悩や葛藤が入り交じった心の奥底の声を聴いているようだった。

ストーリーは、羽生さんのスケーター人生をたどった「半生」と「これから」を如実に描いていた。

羽生さんがプロ転向を表明した、22年7月19日の記者会見。

すでに書いたように、筆者は「羽生結弦」でいることの重圧や苦悩について問うた。

「羽生結弦の存在は常に重荷でした」

少しトーンが下がった声で、羽生さんの本音がこぼれたように感じた。しかし、筆者も含めて、どれだけの人が「重荷」の意味を理解できていただろうか。

五輪、ジュニアとシニアの世界選手権およびGPファイナル、四大陸選手権の主要国際大会のタイトルをすべて手中に収める「スーパースラム」を男子で史上初めて成し遂げ、表現力を兼ね備えて4回転時代をリード。最後は誰も挑んだことすらなかった4回転アクセルを五輪本番で跳ぶという前人未到の歩みを進めてきた羽生さんの心の奥底は、誰にもわかるはずがなかっただろう。

羽生さんは、「僕も強くてカッコよくなりたいと思った。何度もつらくて、悲しくて、やめたくなったけど頑張った。でも、できないことばかり……。やっぱりできない。でも、負けない。ずっと、ずっと暗いトンネルの中みたいだった。（中略）トンネルを進むたび、一人になっていった」と、孤高の存在であることの大変さ、みんなが絶賛した「絶対王者」でいることの心身にのしかかる重圧、みんなが「羽生結弦なら跳べるだろう」と期待した4回転アクセルの成功に向けた想像を絶した日々を打ち明けているようだった。

「ずっと、前に、前に、前に走って、全力で進むんだ。大切なものを……、ぐっとつかんで絶対にはなさないんだ。だって、かなえたい夢があるから。それが僕なんだ」

再びリンクに出た羽生さんは17年世界選手権で大逆転優勝を飾った際に滑ったフリーの『ホープ&レガシー』を滑った。

ショーの前半ではさらに、新プログラムの、映画『千と千尋の神隠し』から『あの夏へ』を華麗に舞い、代表的なプログラムの一つである『バラード第1番』では、変わらず質の高い4回転-3回転の連続トウループやトリプルアクセルを決めた。

そして、前半のハイライトが訪れた。

巨大スクリーンに映し出されたのは、北京五輪の演技当日の日付だった。そこから時計の針が早送りで進み、２０２３年2月26日で止まった。

羽生さんは時空を超えたかのように、東京ドームのリンクで〝あのとき〟さながらに、北京五輪のショート『序奏とロンド・カプリチオーソ』を滑ろうとしていた。

実戦さながらに集中力を高め、６分間練習で調整した。白いジャージーを脱ぎ、薄いブルーのきらびやかな衣装姿をあらわにした。

歓声が湧き上がる会場で〝本番〟が幕を開けた。

北京五輪でジャンプの直前に、氷にあいた穴にエッジがはまる不運に見舞われ、回転が抜けてしまった冒頭の4回転サルコウ。羽生さんは、これを見事に成功させた。その後の4回転-3回転の連続トウループを跳び、最後のトリプルアクセルを完璧に着氷させた。

試合と同じ構成を滑りきると、巨大スクリーンに映る羽生さんは、かつての競技会でミスなく滑りきったときにのぞかせる〝勝負師〟の表情を達成感で満ちあふれさせていた。

「北京五輪でやりきれなかったという思いが強くあったプログラムです。あのプログラムには、夢をつかみきる物語というのが、自分の中ではあります。この『ＧＩＦＴ』というストーリーの中にも夢という存在がものすごく大きくあって、そういう意味でもまず前半の一幕の中で夢をつかみきったっていう演出をしたかったということが『（序奏と）ロンド・カプリチオーソ』を選んだ理由です。北京五輪を連想させるような演出をした上で、『ロンカプ』をやったのは、あのとき夢をつかみきれなかったからであって、あのとき夢をつかみきれなかったものをいまはつかみ取るんだ、と。まだまだつかみきれていない夢も、4回転半とかもちろんありますけど、それに向けてこれからも突き進むんだというイメージを込めて滑らせてもらいました」

スクリーンを通しても伝わる激しい息遣い、万感の表情。

総立ちの観客席から降り注いだ万雷の拍手を、右手を突き上げて心地よさそうに受け止め、「ありがとうございました」と何度も口を動かし、最後は天を見上げた。

北京五輪のショートをプロスケーターとして滑りきったことで、苦い過去との決別を誓っているようでもあった。

◇

後半のスタートは、がらりと雰囲気が変わった。東京ドームが、さながらロックのコンサート会場のようだった。

イギリスの人気歌手、ロビー・ウィリアムスさんが歌う『レット・ミー・エンターテイン・ユー』。コロナ禍に包まれた2020-21年シーズンに滑ったショートプログラムだ。身体にもダイレクトに振動が響くほどの大きな音量の中、白のジャケットに黒のパンツ姿の羽生さんが手を耳にあて、観客の〝参加〟を促す。

すでに〝声出し〟は解禁のアナウンス済み。羽生さんの誘いに呼応するように観客の歓声が響いた。

心の葛藤を語ってきた羽生さんの朗読にも〝光〟が差し込んできた。

「きれいごとなんて一つもなかった。運命にひたすら、あらがっていた。僕のあるべき姿になるために。だから、強くなるんだよ。僕が僕であるように」

続いては、赤の衣装にインパクト充分の青のネクタイに衣装を変えた羽生さんがド派手なアクションを交えて会場を盛り上げた。新曲『阿修羅ちゃん』（Ado）は、この日にお披露目された2曲目の新プログラムだった。

そして、『オペラ座の怪人』『いつか終わる夢』と名プログラムの熱演が続く。

トリプルアクセルのコンビネーションジャンプ、さらにはトリプルアクセルからの3連続ジャンプと、高く幅のある放物線がショーの終盤に彩りを添えていった。

「いまの君は、いまの色でいいんだよ。僕は一人だ」

巨大スクリーンに映し出された羽生さんは首を横に振った。

「一人じゃない」

『ノッテ・ステラータ』で羽生さんが優雅な舞を演じると、ドームの屋根部分にまで白い無数の羽根が映し出された。そして、やさしく穏やかな口調で言葉を紡いだ。

「元気に毎日、過ごしていますか。つらい気持ちになっていませんか。どこにいても、いつだっていいです。疲れて心が干からびかけたときは、帰ってきてください。とっておきの物語がずっとここにあります。これからの物語のために」。表現者として新たなステージへ羽ばたくように、芸術性をふんだんに盛り込んだショーが幕を閉じた——はずのリンクに羽生さんが現われた。

マイクを握って発したこの日初めての肉声で、「みなさん、『GIFT』、どうでしたでしょうか。本当に、一生懸命、頑張らせていただきました」。アンコールの演技を予告して会場を盛り上げたあと、演出を支えてくれた豪華な布陣への感謝も伝えた。

羽生さんのアナウンスで会場からの大きな拍手を浴びた音楽監督の武部さんが直後、アドリブで機転を利かせた。

「そして、そして、今日の深夜まで練習を積み重ねてきた羽生結弦！」

会場に響く武部さんの声に、再び大きな拍手と歓声がドームを包み込んだ。

「台本にこんなことなかったじゃないですかー」

羽生さんが戸惑うように照れ笑いを浮かべた。

アンコールのプログラムは2曲、用意されていた。最高潮に達したはずのフィナーレからさらにショーが盛り上がった。

1曲目は『春よ、来い』。松任谷由実さんの名曲とともに羽生さんは、得意とする1回転半のディレイドのシングルアクセルで魅了し、待ちに待ったこの日のラストダンスは金メダル演目の『SEIMEI』だった。

ドームに和太鼓の音が響く。羽生さんの魅力を凝縮させた熱のこもったプログラムだった。大歓声と手拍子に包まれた会場で魅せ場のステップを刻み、両手を大きく広げて胸をそらす体勢でのイナバウアーから豪快に身体を回すスピン、そして最後は和太鼓に完璧に調和して両手を広げたフィニッシュポーズで締めくくった。

すべてを出しきった羽生さんは単独公演を大成功に収めてみせた。

多数の報道陣が待つ囲み取材の会場に羽生さんが到着する直前、広報担当者が申し訳なさそうに、「羽生さんはこのあと、新幹線での移動を控えています。なるべく手短に質疑をお願いします」と伝えてきた。

しかし、記者たちに焦りの色はない。

それは、羽生さんとの一問一答には無駄がないからだ。質問の意図を理解し、満点に近いコメントを口にしてくれる。

笑顔で報道陣の前に姿を見せた羽生さんは、代表質問をした記者から3万5000人の視線を釘付けにしたドーム公演の感想を問われると、「大変なことだらけでしたけど、まずはドーム公演というよりも、一人でこの長さのスケートのエンターテインメントをつくるのが非常に大変なことで、今年初めて完全に単独で滑りきるというショーをやってみて、『2時間半もつかな』と正直思ったんですけど、ドームという会場だからこそできる演出と、名だたるメンバーが集まっているからこそできた総合エンターテインメントがつくれたのではないかと実感しています」と手応えを語った。

フィギュアスケートの可能性を追求する立場にある羽生さんは、「正直、課題ももちろんありますし、『もっとこうすればよかった』『もっとこうできたな』みたいなこともありますが、この『GIFT』という公演に関しては、1回きりで、ほんとにフィギュアスケートならではの一期一会な演技が一つずつできたということを、すごく誇りに思っています。少しでもみなさんの中で、ほんの一つのピースでもいいので記憶に残ってくださったらいいなと思っています」と、自己評価していた。

羽生さんはなぜ、自分の弱さも見せた上で「一人」というキーワードを使ったのか。

そのことも、囲み取材のやり取りを通じて、羽生さんに明確な意図があったこともわかった。

「もちろん、自分自身がいままでの人生の経験の中で一人ということを幾度も経験してきました。実際に感じることもいまだにあります。それは、僕の人生の中で常につきまとうものかもしれない。ただ、それは僕だけじゃなくて、大なり小なりみなさんの中で存在しているもので、もちろん僕の半生を描いた物語でありつつ、みなさんにとっても、きっとこういう経験があるんじゃないかなと思って綴った物語たちです」

12のプログラムは本来、「個」の集合体でしかない。しかし、羽生さんは一体となったショーを形づくろうとした。

「それぞれのプログラムは本来、それぞれ違う意味を持っていて、『ＧＩＦＴ』という物語とはまったく関係ない。でも、『ＧＩＦＴ』という物語の中に、このプログラムが入ってくることによって、もしくは演出とともにこのプログラムがあることで、また新しい意味がつけられるんじゃないかなって考えて滑りました。フィギュアって、もちろん歌詞があるプログラムもありますけど、『言葉のない身体表現』だからこそ、受け手の方々がいろんなことを感じられるというのが醍醐味かなと思っています。だからこそ、物語をつくって、その物語の中のひとつのピースとしてプログラムを見られたときに、どんなことをみなさんが受け取ってくださるかなということを考えながら構成していきました」

「言葉のない身体表現」というフィギュアの醍醐味を存分に体現し、3万5000人の視線を浴びたとき、羽生さんはこう感じたという。

「自分って、なんてちっぽけな人間なんだろうって。フィギュアスケートって、表現やアートとしてつくり上げていくこともちろん大事ですけど、まずは僕が男子シングルのスポーツ選手としてやるときに、ほんとにちっぽけな人間だなと。ただ、3万5000人の方々、そして、この空間全体を使った演出をしてくださったみなさんの力を借りたからこそ、ちっぽけな人間だったとしても、いろんな力がみなさんに届いたかなという気はしています。だから、ある意味では、震災（東日本大震災）のときに一人一人だったら何もできなかったなという記憶とちょっと似ていて、みなさんの力が『羽生結弦』っていう存在に対して、いっぱい集まったからこそ、絆があったからこそ、進めた力が伝えられた公演だったんじゃないかと思います」

羽生さんはなぜ、ここまで自分をさらけ出そうとしたのか。公演後の取材で、ユング心理学の「ペルソナ」に触れながらショーに込めた思いを明かした。

「『ペルソナ』っていう、ユング心理学の言葉があります。僕にとっては、こうして話しているときも、きっと自分が見せたい羽生結弦を出していると思います。でも、話しながらも、心の中でくすぶっている羽生結弦もいるんだなって思っています。それはたぶん、僕だけじゃない。だから、少しでも、みなさんが持っている本質的なみなさんと、『ペルソナ』のみなさんを認めていけるような、認めてあげられるような時間になったらいいなって思います」

羽生さんがプロスケーターとしての決意を示した『プロローグ』に続き、現役時代の苦悩や葛藤も明かしつつ、ファンとの強い絆を示した『ＧＩＦＴ』で新たなアイスショーの可能性に踏み込んだ。

そして、このとき、すでに一つの大きなプロジェクトが進行していることが明かされた。２０１１年に東日本大震災が発生した「３・11」に合わせ、今度は故郷の宮城で「座長」として仲間たちとともにアイスショーの舞台に立つということだった。

⑤故郷に「感謝」と「祈り」の舞

プロスケーターとなった羽生さんが行なう公開練習や単独アイスショーには、一つずつに意義付けがなされているように見える。

プロ転向表明から約3週間後にアイスリンク仙台でYouTubeによる無料ライブ配信を実施した『SharePractice』の目的は、スケート人生のリスタートの瞬間を、自らを育ててくれた仙台で、ファンとともに「共有」することだった。

横浜で初開催となった単独公演『プロローグ』は、幼少期から五輪連覇、「スーパースラム」などの偉業を成し遂げたアマチュア時代に終止符を打ち、プロジェクションマッピングなども駆使した従来にはない新たなショーを自ら演出することで、これから歩みを進めていくプロスケーターとしての「序章」を示した。

そして、『GIFT』では、絶対王者と称された輝かしいキャリアの裏側で、もがき苦しんできた人間・羽生結弦の心情をさらけ出すことで、誰しもが弱い自分と向き合っていくことは人生において日常であることを「贈り物」として授けた。

プロスケーター転向の初年度としての「締めくくり」になるのが、自らが座長を務めて地元・宮城で開催した『羽生結弦 notte stellata（ノッテ・ステラータ）』ではなかったか。

３日間のショーの幕開けは、２０２３年3月10日。あの日から12年の月日が流れようとしていた。11年3月11日に故郷・宮城県を含む東北地方を中心に激しい揺れや未曾有の大津波で甚大な被害と犠牲者をもたらした東日本大震災。羽生さんにとっても、自らのフィギュアスケート人生と切り離すことができない出来事になっている。

ショーの会場は生まれ故郷の仙台市に隣接する宮城県利府町にあるセキスイハイムスーパーアリーナ。震災発生時はまだ将来有望なスケーターの一人だった16歳の羽生さんが、五輪を連覇し、競技の枠も国境をすらも超えた「絶対王者」の称号をつかんだプロスケーターとなった。22年11月と12月の『プロローグ』、23年2月の『ＧＩＦＴ』に続くプロスケーターとなって3度目の公演で、羽生さんが故郷へと舞い降り、情感たっぷりに滑ることで鎮魂の祈りを捧げ、復興を願った。

◇

時計の針を２０１１年に戻す。3月11日、羽生さんはいつものように地元の「アイスリンク仙台」で練習を行なっていた。午後2時46分。事態が暗転する。リンクを襲った激しい揺れに施設の壁は一面に大きな亀裂が生じ、氷が波打った。

やっとの思いで施設の外へと逃げ出した羽生さんはスケート靴を履いたままだった。スケート選手の〝命〟でもあるエッジをカバーで守ることができず、ボロボロだった。仙台市内の自宅が被害を受け、発生から4日間は家族と避難所生活を余儀なくされることになった。被災時の恐怖は余震が起きるたびに記憶が呼び覚まされ、身体を震わせた。

その夜、避難所に向かう道中で、羽生さんが暗闇と静寂に包まれた空をふと見上げると、頭上に無数の星が輝いていた。

「暗いまちの中に光る星たちの光が、こんなにも明るいんだということを思いました」

満天の星を目にした羽生さんは「希望の光」を感じて、心が救われたという。

◇

公演タイトルの『ノッテ・ステラータ』は、イタリア語で「星降る夜」を意味する。ソロ公演だった前の2公演とは違い、プロに転向してからは初となる、国内外のスケーターたちとの共演のショーだった。被災地にゆかりのある鈴木明子さんや本郷理華さんに加え、アメリカのジェイソン・ブラウン選手らとともにリンクに立った。

アイスショーは、羽生さんの願いを込めるようなあいさつで幕を開けた。

「ノッテ・ステラータ、星降る夜という意味です。12年前の3月11日に僕は、満天の星を見て希望を感じました。このショーは僕たちスケーターが一人一人の思いを込めて、一つ一つのプログラムが、輝く星となるように滑らせていただきます」

ショーの冒頭では、タイトルナンバーをしっとりと滑った。世界的な名指導者のタチアナ・タラソワ氏から贈られ、競技者時代の2017－18年シーズンのエキシビションナンバーとして初めて披露して以降、羽生さんの名プログラムの一つとなった。

高くて幅もある羽生さんの特徴的なディレイドのシングルアクセルで魅せ、イナバウアーで沸かせた。細やかに表現されたプログラムには、被災地に「希望」を届けたいという羽生さんの思いが込められていた。

「やはり今回、希望というテーマが大きな一つとしてありました。ちょっと見えづらかったかもしれませんが、スクリーンに、3・11のころの星空を出していただいていて。最後、普通だったら反対方向に行きますが、そちらの方向に向かって……。星空からもらった希望とともに、いままで滑ってきたということを感じながら滑らせていただいていました」

そして、こう語った。

「実際、『ノッテ・ステラータ』というプログラムをつくっていただいた（振付師の）デイビッド（・ウィルソン）さんとお話をしながら、つくっていきました。オープニングが、オリジナルの曲ですが、流れ星のように、今回のキャストのスケーターさんたちを見せていきたいっていうお話をずっとしていました。『ノッテ・ステラータ』というプログラムと、そのあとに続くオープニングが、一つのプログラムとして見えるような感覚で、僕自身も演技させていただきました」

◇

未曾有の大震災で、大好きだった仙台の練習拠点を失った羽生さんは、希望を捨てることはなかった。

もちろん、すぐに気持ちを切り替えられたわけではない。10日間くらいは練習どころではなかった。このまま、スケートを続けていいのだろうか——。余震に身体が震えるほど、気持ちも不安定だった。葛藤の中にいたとき、連絡があった。幼少期に指導を受け、横浜市の「神奈川スケートリンク（現・横浜銀行アイスアリーナ）」でインストラクターを務めている都築章一郎氏からだった。横浜に来て、練習をしないかという誘いだった。「行ってみたら」。やさしく語りかけてくれた母の言葉に背中を押され、被災地の仙台から山形へ高速バスで向かった。そこから飛行機で東京へ飛び、横浜へ向かった。一般利用者のいない早朝や夜にリンクで滑らせてもらった。気持ちに変化が出てきた。

「スケートを通じて、被災地に何かを伝えることができるかもしれない」

その後は全国各地のアイスショーに出演しながら、ショーのリハーサルなどの合間にシーズンに向けて技術を高める練習を積み重ねた。このとき、羽生さんが出演したショーは60近くを数えた。

1年後の12年、羽生さんは苦境の中であきらめなかった努力の果実を得る。フランス・ニースで開催された世界選手権での演技は〝伝説的〟だった。

フリーで精魂も尽き果てるほどに全力を出しきった羽生さんは、初出場で銅メダルを獲得。その後につながる大きな飛躍のきっかけとなった。

羽生さんは、五輪連覇という目標の達成のために、カナダ・トロントに練習拠点を移したあとも、〝あの日〟の夜空が照らしてくれた希望の光、そして復興を願い続けた被災地のことを、故郷のことを忘れたことはなかった。

◇

羽生さんはいつか、世界が称賛してくれるようになった自らの演技で、故郷に光を届けたい、との思いをずっと抱いてきた。その思いが、この『ノッテ・ステラータ』で結実したのだった。

「3月11日という日に、毎年あれから、毎年気持ちを込めながら、祈りの気持ちを込めながら、感謝の気持ちも込めながら、悲しい気持ちも込めながら、人知れず滑ってはきていました。プロになったからこそ、大切な日にやっと演技ができるようになりました」

第1部の最後には、特別キャストとの豪華な共演が待っていた。

体操界の〝キング〟の異名を取り、2012年ロンドン五輪、16年リオデジャネイロ五輪の体操男子総合を連覇した内村航平さんである。

黒を基調とした衣装で合わせた二人の演目は『Conquest of Paradise』。羽生さんが氷上で4回転トウループやトリプルアクセルを華麗に決めれば、内村さんはステージ上に設けられた床で美しい伸身の連続宙返りなどを披露した。

息の合った共演のクライマックスは、羽生さんのスピンと、内村さんによるあん馬の開脚旋回がピタリと合った場面だった。内村さんの強い希望で実現したというシーンに、会場も大きな拍手で包まれた。

羽生さんは、内村さんについて「同じオーラを持っている人だなとすごく思いました」と共感を抱き、「競技とか技術という枠を超えて、人を引き付けるカリスマ性のようなものがあって、体操だけにとどまるものではないんだなと思いました。単純に言葉にするとカッコいいな、と思いました」と尊敬の念も抱いた。

「お互いが自分たちにできることをぶつけ合おうという感覚で滑ってきました。お互いがお互いのことに集中して、ぶつかり合って、でも共演もしていて、お互いのエネルギーが混ざり合うみたいなところをこのプログラムでは出していきたいなという意識がありました。僕自身も4回転を跳ぶっていうのと、彼も本気の技を繰り出してくださっていたので、集中して自分の世界に入っていることは確かですが、実際、床とスケートリンクで場所は違います。でも、エネルギーが増幅して、支え合って、ぶつかって、いろんな力の掛け合わせみたいなものが見えたかなと思います」

五輪王者同士の魂が入り交じった空間に、羽生さんは達成感をにじませていた。

ショーの終盤では、やはり羽生さんの代表プログラムである『春よ、来い』で、「被災された方々の希望は何か、ということをイメージしながら」ピアノの旋律に乗せて舞った。そしてMISIAさんの『希望のうた』でフィナーレを迎えた。

「あれから12年が経とうとしています。震災だけではなく、これからの人生でも幸せなこと、つらいこと、苦しいこと、寂しくなることがきっとあると思います。星のように輝いてくれたと思うプログラムたちが希望となるよう祈っています。これからも、少しずつでもいいので、震災のこと、被災されてつらかったと思う気持ちを認めてあげて、見てあげてください。何も行動できなくても被災地の方は嬉しいと思います」

年月が経っても、未曾有の大震災を風化させることなく、復興を願う被災地の人たちに寄り添っていく。

みんなで心を一つに――。

羽生さんのそんな思いがこもる言葉だった。

約6000人の観客で埋まり、報道陣にも公開された10日の公演後、羽生さんは自らの心境を明かした。

「こうやってみなさんの前で、この感情とともに演技をするということ、そして、そういう企画の中で演技をするということが初めてなので、正直すごく緊張はします。ですが、この『ノッテ・ステラータ』というショーだからこそ、伝えられる気持ちだったり、このショーだからこそ見えるプログラムの新しい一面だったり、気持ちだったり、テーマだったり、そういったものも感じていただければと思っています」

Yuya Nagase/PHOTO KISHIMOTO

番記者

Column

「震災10年　1193文字メッセージの舞台裏」

21年3月は、新型コロナウイルス禍の真っただ中だった。こうした状況下で、東日本大震災の発生から節目の10年を迎えようとしていた。自ら被災を経験し、その後のスケーターとしての活動で被災地の人々にも勇気と感動を届けてきた羽生さんが10年の月日を経たときを、どんな心境で迎えるのか。その思いが届くことで、被災地が次の一歩を進む原動力になるのではないかといった観点から、メディアは羽生さんにコメントを求めた。

こうした依頼は、羽生さんの心の傷を掘り起こすことになるかもしれない。一方で、羽生さんの言葉に元気が湧く被災者もたくさんいるだろう。日本スケート連盟を通じ、コメントを出すかどうか、内容についても、すべてを羽生さんに委ねる形でお願いをしたところ、長文のメッセージを寄せてくれた。

1193文字に込められた羽生さんの思いをここにあらためて記したい。

何を言えばいいのか、伝えればいいのか、分かりません。

あの日のことはすぐに思い出せます。

この前の地震でも、思い出しました。

10年も経ってしまったのかという思いと、確かに経ったなという実感があります。

オリンピックというものを通して、フィギュアスケートというものを通して、被災地の皆さんとの交流を持てたことも、繋がりが持てたことも、笑顔や、葛藤や、苦しみを感じられたことも、心の中の宝物です。

何ができるんだろう、何をしたらいいんだろう、何が自分の役割なんだろう

そんなことを考えると胸が痛くなります。

皆さんの力にもなりたいですけれど、あの日から始まった悲しみの日々は、一生消えることはなく、どんな言葉を出していいのかわからなくなります。

でも、たくさん考えて気がついたことがあります。

この痛みも、たくさんの方々の中にある傷も、今も消えることない悲しみや苦しみも…

それがあるなら、なくなったものはないんだなと思いました。

痛みは、傷を教えてくれるもので、傷があるのは、あの日が在った証明なのだなと思います。あの日以前の全てが、在ったことの証だと思います。

忘れないでほしいという声も、忘れたいと思う人も、いろんな人がいると思います。

僕は、忘れたくないですけれど、前を向いて歩いて、走ってきたと思っています。

それと同時に、僕にはなくなったものはないですが、後ろをたくさん振り返って、立ち止まってきたなとも思います。

立ち止まって、また痛みを感じて、苦しくなって、それでも日々を過ごしてきました。

最近は、あの日がなかったらとは思わない

ようになりました。それだけ、今までいろんなことを経験して、積み上げてこれたと思っています。そう考えると、あの日から、たくさんの時間が経ったのだなと、実感します。

こんな僕でもこうやって感じられるので、きっと皆さんは、想像を遥かに超えるほど、頑張ってきたのだと、頑張ったのだと思います。すごいなぁと、感動します。

数えきれない悲しみと苦しみを、乗り越えてこられたのだと思います。

幼稚な言葉でしか表現できないので、恥ずかしいのですが、本当にすごいなと思います。

本当に、10年間、お疲れ様でした。

10年という節目を迎えて、何かが急に変わるわけではないと思います。

まだ、癒えない傷があると思います。

街の傷も、心の傷も、痛む傷もあると思います。

まだ、頑張らなくちゃいけないこともあると思います。

簡単には言えない言葉だとわかっています。言われなくても頑張らなきゃいけないこともわかっています。

でも、やっぱり言わせてください。

僕は、この言葉に一番支えられてきた人間だと思うので、その言葉が持つ意味を、力を一番知っている人間だと思うので、言わせてください。

頑張ってください

あの日から、皆さんからたくさんの「頑張れ」をいただきました。

本当に、ありがとうございます。

僕も、頑張ります

２０２１年３月　羽生結弦

被災地を思う言葉であふれていた。

羽生さんは現役時代も常に被災者、被災地とどう向き合うかという葛藤を抱いてきた。

実際には、羽生さんの思いはしっかりと被災地に届いていた。

羽生さんが初めて金メダルを獲得した14年ソチ五輪後、津波で甚大な被害を受けた宮城県石巻市を訪問し、被災者と交流した。

「僕の結果でこんなに喜んでくれる人がいるんだ」と実感を込めた。

ソチ五輪と４年後の平昌五輪の金メダルで得た報奨金は、全額を宮城県と仙台市に寄付した。自らが被災した場所であり、プロ転向後の練習拠点にもなっている宮城県のアイスリンク仙台には、自叙伝の印税やアイスショーの収益など８７３３万円（23年７月に同リンクが公表）を寄付している。

アイスリンク仙台のホームページには、「羽生結弦様は、いつも地元仙台を深く愛され、また、『アイスリンク仙台』のことも、とても大切に思ってくださっています。これまでにも度々のご寄付を頂戴いたしており、感謝に堪えません。ここに深く感謝の意を表します。

なお、頂戴いたしましたご寄付につきましては、皆様が『アイスリンク仙台』をより快適にご利用いただけるよう、有効な使い方を考えてまいります。」と感謝の言葉が綴られている。

⑥新たな輝き放った幕張の夜

羽生さんがプロに転向したあとの2023年も、羽生さんが中心的役割を担う『ファンタジー・オン・アイス』が千葉・幕張メッセを会場に開幕した。

初日公演となった5月26日は報道陣にもショーの様子が公開された。

有名アーティストとトップスケーターの「夢のコラボ」が特徴的なこのショーで、羽生さんはもちろん、元世界王者のハビエル・フェルナンデスさんやステファン・ランビエルさん、このショーでプロスケーター人生に幕を下ろしたジョニー・ウィアーさん、トリノ五輪金メダリストの荒川静香さん、さらには現役のトップスケーターが一堂に会し、幕張の夜を盛り上げた。

1年前の『ファンタジー・オン・アイス』は、羽生さんが競技スケーターとして臨んだ最後のアイスショーだった。そして、今年は看板スケーターとして、同時にプロの肩書を持ってリンクに立っていた。

午後5時のオープニング。今年は4年ぶりに観客の大歓声に迎えられた。

新型コロナウイルスの世界的な流行を受けて、過去3年は開催中止や無歓声での公演が続いてきた。新たな日常へと歩みが進む中、いよいよ『ファンタジー・オン・アイス』でも歓声が解禁された。

平昌五輪代表の田中刑事さんや、競技会にも復帰出場した織田信成さん、友野一希選手や山本草太選手らが華麗なスケーティングでリンクに登場する。さらには、女子の三原舞依選手に続き、ウィアーさんやフェルナンデスさんが場内アナウンスされ、荒川さんは代名詞でもあるイナバウアーで沸かせた。

ランビエルさんやほかのスケーターも次々とリンクへ。そして、満を持して登場したのが、羽生さんだった。

華麗なステップ、さらには軽々と跳び上がった4回転トウループで歓声が一段と高まった。着氷がステップアウトしても関係なかった。羽生さんが手拍子を促すと、観客席はさらに熱を帯びていくようだった。

ゲストのシンガー・ソングライター、福原みほさんが「『ファンタジー・オン・アイス』盛り上がっていきましょう！　レッツゴー!!」と絶叫し、大熱唱の『ライジング・ハート』に合わせ、羽生さんもスピンを披露し、カナダ・トロントのクリケット・クラブでともに技術を高めたフェルナンデスさんと仲睦まじく肩を組み合った。

音を身体全体でとらえ、大きく身体を揺らす動きにアクセントをつけながらキレキレの動きで溌剌と滑る羽生さんと、会場に鳴り響く手拍子が次第に一体感をつくり上げていく。会場のボルテージが上がりきったところで、それぞれの演目がスタートした。

◇

ショーの幕開けから約2時間後の午後7時すぎ、関東地方を大きな揺れが襲った。観客席のあちこちで、携帯電話から「緊急地震速報」の警報音が響き出した。

会場周辺は震度3だったが、同じ千葉県内でも震度5弱の地域もあり、鉄道などの公共交通機関に遅延が生じるほどだった。

会場の幕張メッセでも建物が揺れた。フェルナンデスさんのプログラムの途中だったが、音楽が止まり、演技は一時中断された。建物が耐震構造になっていることを説明するアナウンスが流れ、会場内のスタッフも観客に「お席で落ち着いて待機してください」と声をかけて回った。

その後は揺れが収まり、天井から吊り下げられている機材などの安全確認が行なわれ、約10分後にショーが再開した。

再開後は再び熱気に包まれていく会場に、この瞬間がついにやってきた。

羽生さんが大トリでリンクに登場した。黒のパンツに白のシャツを合わせた羽生さんは、照明が消えたリンクへスタンバイに向かう。かすかに見えた人影に、観客席からは早くも歓声が響く。

「史上初の単独公演、そして東京ドーム公演、誰も見たことのない景色を開拓し続けています。まだ見ぬフィギュアスケートの新たな可能性を追い求め、彼の挑戦は続きます」

会場に羽生さんを紹介するアナウンスが流れる。

記者席から見た羽生さんの姿は、まさにサプライズだった。スポットライトが当たる少し前、羽生さんはトウアラビアンと呼ばれる技術で右足を振り上げると、キャメルスピンをスタートさせたのだ。

そして、次の瞬間、スポットライトを浴びた羽生さんがすでに氷上で回転しているところからプログラムが始まった。

競技スケートの枠ではできない発想だった。

プロスケーターとして『ファンタジー・オン・アイス』の舞台に戻ってきた羽生さんが、プロの新境地に立つからこそできる、掟破りの演目スタートでファンの心をつかんだ。

今回のショーでは、ゲストのダンス&ボーカルグループ『DA PUMP（ダ・パンプ）』のリーダーISSAさん、KIMIさんと豪華なコラボレーションが実現。羽生さんは人気曲『if…』に合わせて、激しく舞った。

メリハリを利かせた静と動、硬軟織り交ぜた動きに加え、曲線美を併せ持った華麗な滑りで観客の視線を釘付けにしていく。華麗で切れのあるステップを氷上に刻み、曲の盛り上がりに合わせて3回転ループを決めた。

もう一本、3回転ループを跳び、ラップに合わせて、さらに上半身も激しく動くダンスで魅せた。最後はリンクに沈み込むように身体を脱力させ、両足を180度開脚させたポーズでフィニッシュ。観る者の視線が追いつかないほどのスピード感で魅了した。

次の瞬間、会場の盛り上がりは最高潮に達し、総立ちの観客の万雷の拍手に包まれた。やり遂げた表情の羽生さんがリンク後方のステージへ向かい、ISSAさん、KIMIさんとグータッチでたたえ合った。

◇

フィナーレでは再び大歓声に包まれた。羽生さんは腹部が大胆なシースルーになった黒の衣装でほかのスケーターたちとともに再登場。リンク中央へと移動するボーカル用のステージで、ISSAさんが歌唱する『U.S.A.』の激しく鳴り響くメロディに合わせて踊り、サビの部分では、親指を立てた腕を上下に小刻みに振ってリズムに乗った。

グランドフィナーレでは、山本選手と友野選手、さらには織田さんもトリプルアクセルを跳び、海外スケーターが豪快なバックフリップを決める。ステージの奥でドリンクを口に含んだ羽生さんは再びリンクへ姿を見せると、観客席へ手拍子を促した。

狙うはオープニングで着氷が乱れた4回転トウループの完璧な成功。しかし、珍しく助走のタイミングが合わずに3回転で降りてしまった。

3度目の正直とばかりに、集中力をさらに高めた羽生さんは再び跳び上がり、鮮やかな4回転トウループが決まった。

リンク中央からほかのスケーター、そして、ゲストのアーティストへ手を差し向け、彼らをたたえるように会場の拍手を促した。さらに、アーティストのほうへ向かい、共演したスケーターたちと感謝の意を表するように再び拍手を誘った。

会場の観客に手を振り、4つのコーナーを回りながら1周した。ここでちょっとしたアクシデントが発生した。リハーサルでは、出演したスケーター全員でリンクを2周する予定になっていた。先頭を滑る羽生さんは予定どおりにもう1周滑り始めるが、ほかのスケーターは1周だけでリンクから降りてしまった。

羽生さんは、「2」というポーズを取って2周目があることを教えようとしたが、すでにリンクに残るスケーターはいなかった。それでも、フィナーレの流れを止めてはいけないと、羽生さんは一人でもう1周リンクを滑って感謝の気持ちを伝えた。

その後、リンクを降りた羽生さんがお決まりのフレーズを言ってくれることを、会場が楽しみに待っているようだった。音楽が鳴り止み、静寂に包まれた会場で、羽生さんが絶叫した。

「ありがとうございましたー！」

これで閉幕のはずだった——が、羽生さんがなおもマイクを握った。

「地震、怖かったと思います。まだまだ揺れることもあると思います。どうか、最後まで気をつけて帰ってください。ありがとうございました」

満員の観客を気遣う羽生さんらしさ全開の終演だった。

REUTERS/AFLO

第2章

若き五輪金メダリストの誕生

①震災乗り越えた17歳の飛躍

２０１２年3月26日、フランス・ニースで開幕した世界選手権は、多くの日本メディアが現地で取材をしていた。

この大会には、このシーズン負けなしで、前年王者でもあるパトリック・チャン選手（カナダ）らがエントリーしていた。

羽生選手は初出場。09－10年シーズンにジュニアグランプリ（ＪＧＰ）ファイナルや世界ジュニア選手権を制し、スケート界では当然に知られた存在だった。しかし、シニアのトップ選手がおもな取材対象となる報道の現場では、羽生選手はまだ将来が期待されているホープの一人だとしかとらえられていなかった。筆者も含め、メディアの「先見性」が欠けていたことを指摘されても仕方なかった。

メディア、とくに新聞では大きな大会や注目される選手が出場する試合で「前打ち」と呼ばれる展望記事を出稿する。読者の見逃しを防ぐためと、あらかじめ注目が高いとみられるトピックを記事中で紹介することで、大会への関心を集めやすくする狙いがある。

当時、筆者は産経新聞で「26日から世界フィギュア」の見出しがついた記事を書いた。自戒を込めて明かすと、この記事で羽生選手に触れた部分は「初出場の17歳、羽生結弦（宮城・東北高）も今季急成長で、上位進出が期待される」の3行のみだった。

◇

筆者が羽生選手を初めて取材したのは、11年のグランプリ（GP）ファイナルに初出場したときの帰国会見だった。

東日本大震災を乗り越えて、活動をしているスケーターということは知っていたが、14年ソチ五輪で金メダル獲得を狙う存在だと認知するには、メディア側の取材は不足していた。

ただ、ファイナルの帰国時の取材では、柔和な笑顔とは対照的に、内面に強い意志を持ったスケーターだという印象を抱いたのはうそではない。

「自分の言葉を持っている選手ですね」と、フィギュアスケートの取材歴が長い記者と話をした記憶がある。

◇

フランス南東部に位置するニースは、地中海のコート・ダジュールに面する世界でも屈指の観光地として知られる。

青く透き通った海と、海岸線に立つオレンジ色で統一された屋根のコントラストが美しく、3月下旬のこの時期は太陽の光が降り注ぐ日中は少し歩くだけで肌が汗ばむような暖かさだった。屋内のリンクを使用するとはいえ、冬季競技の開催地とはあまりに似つかわしくない場所だった。

羽生選手のショートは7位スタートだった。4回転トウループを2回転とのコンビネーションで跳んだが、最後の3回転ルッツが1回転になるミスがあって、得点は伸びなかった。じつは、前日の公式練習で右足首を捻挫した影響があった。

「すごく悔しい」という感情とともに、「来年に向けての収穫になりました」と表情を緩ませたとき、羽生選手はまだ「経験値」を重ねていく段階にあるのだろうと思いながら、筆者はコメントを取材ノートに書き綴っていた。

ただ、このときの羽生選手の演技を見て、ジャッジが将来性をすでに見通していた可能性があったことを10年以上も経過したいまなら指摘することができる。

それは、演技構成点の飛躍的な伸びにあった。

羽生選手のショートの演技構成点は38・39点だった。初出場したこのシーズンのGP

ファイナル（4位）のショートでは36・07点だったので、2点以上を上積みしていることになる。

GPファイナルのフリーでは、当時のトップスケーターだったチャン選手らが85点以上を稼いだのに対し、羽生選手は79・28点だった。4回転トウループを操れるようになっている羽生選手にとって、この点差こそが世界のトップと自身の差でもあった。

羽生選手はシニア2シーズン目で、「スケーティング技術」「要素のつなぎ」「演技力」「構成力」「音楽の解釈」の5項目からなる演技構成点が安定的に高い評価を得るスケーターとしてはまだ認知されていなかった。

GPファイナル、さらには3位だった年末の全日本選手権も「フリーの得点がこれ以上伸びないと感じました。ジャンプとステップのつなぎの部分の完成度を上げていかないといけないのかなと思いました」と自らの課題を実感していた。

まだ高校2年生にして、すでにジャンプやスピン、ステップといった技術的な要素だけでなく、表現面への意識を高めていこうとしている。これは、やはり2年後のソチ五輪での金メダルを強烈に意識していたことにほかならない。

そして、この世界選手権のフリーで、羽生選手が根本から練習を見つめ直し、高めてきた表現力、シニア初の大舞台での勝負強さ、東日本大震災への感謝などさまざまな要因が絡み合った結果、のちに「伝説のフリー」と称される『ロミオとジュリエット』を演じることになる。

筆者にとっても、鮮明な記憶はこのあたりからだった。演技中盤、羽生選手はステップで思わぬ転倒をしてしまった。のちに映像を見返しても、難しい要素はなかったはずである。じつは、これもショート前日の練習で右足首を負傷した影響に起因していた。このアクシデントによって、羽生選手の闘争心がさらに燃え上がっていった。

情感たっぷりに演じる4分半の演技は、まだ17歳だった羽生選手のスタミナをどんどん奪っていった。しかも、後半はさらに苦しくなる。

しかし、羽生選手はここから伝説的な滑りを披露していく。消耗するスタミナに逆行するように激しく舞って、ジャンプも次々と決めていった。

そして、その瞬間は訪れた。終盤のコレオシークエンスに入る直前、羽生選手は雄叫びを上げた。

南仏の観客たちはスタンドで熱狂した。極限で滑る羽生選手も演技の最後はふらふらだった。最後のスピンでは回るのがやっとというほどに疲弊していた。それでも、滑りき

AFLO

めるという意志は揺るがなかった。意地でレベル2を獲得。フリー2位、総合3位で、初めての世界選手権でいきなり表彰台の一角に立った。

震災を乗り越えた17歳の演技はまさに圧巻だった。それを物語る世界王者のコメントがある。

同大会で優勝したチャン選手が、羽生選手の演技について、「僕らの誰よりも、観客の心をつかんだ演技だった」とたたえている。

◇

羽生選手が大きな飛躍を遂げたニースの世界選手権の約2週間前。12年3月11日、筆者は仙台市の「アイスリンク仙台」に出向いていた。羽生選手も出演した『復興演技会』を取材するためだ。

このリンクは羽生選手が練習中に東日本大震災で被災したリンクである。施設は損壊し、営業再開までに約4カ月もかかった。被災時の激しい揺れは、羽生選手の脳裏にフラッシュバックすると聞いたことがある。

羽生選手は被災直後、全国各地のショーに出演しながら、ショーのリハーサルや合間の時間を縫って練習を重ねた。

すぐに最初から気持ちが切り替えられたわけではない。その後の取材でも、何度も「自分だけが好きなスケートを滑っていていいのだろうか」という自問を繰り返し、葛藤を抱えながら練習を重ねてきた。ショーへの出演を重ね、被災地出身という枕詞が定着しつつあった。

羽生選手は「最初の半年間くらいは、『被災地代表』のように扱われることがすごく嫌だと思ったことがあります。僕が経験したことが、東日本大震災のすべてではなく、犠牲になった方々、もっと大きな被害を受けた人たちもたくさんいらっしゃいます。その人たちの気持ちを代弁することはできないと思っています」と明かしている。

しかし、アイスリンク仙台での『復興演技会』のときの羽生選手は心境に大きな変化が生じていた。

「震災の記憶が薄れないでほしいと願っています。自分の滑りを見ることで、被災地のことを思い出してもらえるならと思っています。最初は（被災者を）勇気づけようということではなく、自分のために、自分がスケートを好きだからやっていましたけど、いまはそれ以上の意味を持ち始めているのかなと思っています」

そして、もう一つ、「今季の世界選手権に出たい！」という気持ちが強くなってきたこともスケートを滑り続けた要因だった。

荒川静香さんたちとともに出演した『復興演技会』は、震災発生時刻の午後2時46分から1分間の黙祷で幕を開けた。

そして、羽生選手は震災後最初に出演したショー（11年『東日本大震災チャリティー演技会～復興の街、神戸から～』）で滑った『White Legend』を披露し、コンビネーションジャンプや高速の華麗なスピンで魅了した。

被災地で鎮魂の思いを込めた舞を滑り、世界選手権での銅メダルにつなげた。のちに絶対王者へと駆け上がる羽生選手が、大きな飛躍を遂げたシーズンだった。

②故郷を離れ、トロントへ決意の渡航

羽生選手は2012年4月、生まれ育った仙台を離れ、カナダ・トロントに練習拠点を移すことを決めた。

初めての海外生活は、開幕まで2年を切ったソチ五輪に向けたさらなる飛躍のためだった。

フィギュアスケートの歴史を紐解くと、欧州やロシア（旧ソ連）、北米に優れた指導者や振付師が数多くいることは否定できない。そして、ジャッジの多くも欧米の「基準」を持ち合わせている。17歳で世界のトップスケーターの仲間入りを果たし、さらにはスケーティングや表現面も含めたレベルアップを掲げる上で、海外への拠点移行は避けられない流れになっていた。

いまでこそ、海外メディアの質疑には流ちょうな英語で受け答えをする羽生選手だが、当時はまだ語学も勉強中だった。家族のサポートは欠かせなかった。

両親と4学年上の姉の4人家族だった一家は、羽生選手をサポートする形で母がトロントに滞在し、父と姉は仙台に残った。羽生選手の挑戦は、家族にとっても大きな決断だった。

現地での生活は母が支え、日本食を扱うスーパーへ買い出しに行ったり、日本から持ち込んだりした食材で手料理を振る舞った。

日々の野菜や肉は現地で調達するしかなかった。なかなか日本と同じとはいかない環境で、母はもともと食が細い羽生選手の体調を気遣い、できる限り、日本のときと同じような味付けになるように工夫を凝らした。

◇

羽生選手がスケートを始めたのは、フィギュアスケートを観るのが好きだった母の影響が大きい。姉が習い始め、羽生選手の関心が向いたという。

そんな羽生選手がスケートを始めて間もない幼稚園のころ、あこがれを抱いたのがエフゲニー・プルシェンコ氏だった。「皇帝」と称され、羽生選手にとっての「絶対王者」ともいえる存在だった。髪型まで真似するほどにあこがれたプルシェンコ氏が五輪のリンクで滑る姿を見て、こう口にした。

「オリンピックで金メダルを獲りたい」

漠然とではあったが、将来の大きな夢ができた。

もちろん、夢が揺らいだ時期もある。小学校入学後は、スケートの練習よりも友達と遊びたい気持ちが強くなったこともあった。

幼少期の羽生選手を指導した都築章一郎氏は、「小さいころは、ちょっと目を離すとリンクからいなくなって、どこかで遊んだりしていました」と懐かしむ。

家族の前でも、「スケートをやめたい」とは口には出さなかったが、小学校の低学年だったころ、周りの友達が野球を始めたときは悩んだ。羽生選手は広島東洋カープのファンだった。

「自分も野球をやってみたいな」

羽生選手は思いきって母に言ったことがある。母は決して無理に止めようとはしなかった。

「スケートをやめてもいいよ」

羽生選手は少し迷った様子だったが、スケートをやめることはなかった。

実際、小学校の卒業文集では、スケートを「いちばんの思い出」として挙げ、競技に邁進していく意欲を示していた。

◇

夢をかなえるために渡ったカナダでの生活だが、羽生選手は「高校に入学したときには、最後の年に自分がカナダに行くとは考えもしなかった」と打ち明けたことがある。

生まれ育ち、心やすらぐ仙台が大好きだった。「仙台に残りたい気持ちもあった」というのは偽りのない心境だった。指導してくれたコーチたちへの感謝を忘れたことはない。

海外に拠点を移すことは、言葉や文化の違いもあり、さまざまな精神的な負担がのしかかる。

持病のぜんそくも不安の一つだった。寒暖差の激しいトロントの冬は、気温がマイナス20度近くまで下がることがあった。自宅の部屋や遠征先のホテルでは暖房を使うため、加湿器が欠かせない。

季節の変わり目は幼少期からぜんそくが悪化しやすく、朝と夜の2回の薬が手放せなかった。うがいや手洗いで体調管理に努めても、風邪をひくこともあった。

予防にマスクを着用していたが、当時は新型コロナウイルス禍のはるか前だった。カナダを含め海外では日常生活でマスクをする文化がなく、奇異の目で見られないように外出するときは外すこともあった。

羽生選手が師事することになったのは、名指導者として知られるブライアン・オーサー氏である。

日本では、2010年バンクーバー五輪女子金メダルのキム・ヨナさん（韓国）を育てたことで有名だが、自身も1984年サラエボ、88年カルガリー両五輪で銀メダルを獲得し、世界王者になったこともある名選手だった。

トロントは生活環境も良く、練習拠点となるクリケット・クラブはフィギュア界でも名門で知られる。

同じ男子でやがて世界のトップを争う良きライバルにもなっていくハビエル・フェルナンデス選手（スペイン）が4回転ジャンプの技術を向上させていたこともあり、羽生選手にとっては最適な環境ともいえた。

羽生選手はのちに、「ハビエルがいなかったら、カナダに行かなかったし、彼がいたから、僕はサルコウもトウループも安定してプログラムに入れられるようになりました。彼がいなかったら、トレーニングにも耐えることができなかったと思っています」と感謝を語ったほどだった。

◇

シニアの壁を越えて世界選手権の銅メダリストになり、海外に拠点を移して臨んだソチ五輪のプレシーズン（2012−13年）は、快進撃がさらに加速した。

シーズン初戦のフィンランディア杯のフリーで、羽生選手はトウループとサルコウの2種類の4回転ジャンプを成功。シーズン初戦を優勝で飾ると、GPシリーズの初戦となったスケートアメリカでは、ショートで当時の世界歴代最高得点となる95・07点をマーク。フリーとの合計で2位となり、2年連続でのGPファイナル進出へ好位置につけた。

そして、11月下旬のGPシリーズ第6戦となるNHK杯に向けて、帰国した。

会場となった宮城県利府町のセキスイハイムスーパーアリーナは震災直後、犠牲者の遺体安置所にもなった場所だった。

羽生選手にとっては凱旋の舞台にもなった。地元からはとくに大きな声援を受け、「応援に応えて結果を残すことで、少しでも（被災者の）力になれればと思っています。優勝を目指したいです」と宣言した。

そして、故郷で大きな飛躍を遂げた。ショートで再び世界歴代最高得点を塗り替えたのだった。冒頭で高さのある4回転トウループを跳び、会場の視線を釘付けにした。

このころの羽生選手は、まだ公式練習でも数を跳んで練習していた。午前の練習では4回転のタイミングが合っていないようにも見えたが、羽生選手は「もう感覚はつかみきれています」と意に介することはなかった。

この大会に合わせた帰国で、約2カ月半ぶりに日本に滞在することができた。試合に向けた緊張感は保ちつつも、やはり地元は過ごしやすさがある。オーサー・コーチらと寿司を食べ、父や姉との再会に気持ちが和んだ。会場には顔見知りのスタッフもいた。

「僕はこの地で頑張ってきたんだという思いになりました。やっぱり、知り合いもいて、安心できますね。少しでも被災地の力になれるように、いい演技をしたいと思っています」

力がみなぎった様子だった。

さらなる進化を見せつけたのは、フリーだった。

初戦のスケートアメリカのフリーでは体力不足を露呈し、ミスにも泣かされた。

今回は違った。冒頭で4回転トウループを跳び、次の4回転サルコウもこらえた。2種類の4回転を組み込んだ構成で上々の滑り出しを見せると、自身も「課題」と認めてきたスタミナが苦しくなる終盤、スピンでよろめいて両手をつく場面が見られた。しかし、ここから踏ん張った。

激しい消耗にも集中力を保ち続け、最後までプログラムを演じきった。

「会場の大きな声援が背中を押してくれました」

ショートに続いてフリーでも1位となる完全優勝を果たした羽生選手は、こう感謝を口にした。

もちろん、それだけではなかった。トロントで人知れず積み重ねた鍛錬の成果がシーズン3戦目にして果実をもたらしつつあった。

羽生選手のこのころのトロントでの練習メニューはスケジュールでびっしりと埋まっていた。羽生選手は「中学時代からフリーの（最初から最後まで中断せずに演技する）通し練習をあまりやらなかった。だけど、スケートの体力はプログラムに慣れることとも関係してくることがわかりました。呼吸のタイミングやリズム、足の使い方などを身体で覚え込んでいくには練習がいちばん」と方針を変えた。そして、プログラムの曲を流して滑る「通し練習」を何度も繰り返し、ジャンプなどで区切ることなく、最後まで演じきってスタミナを培っていた。

傍らで見守ってきたオーサー・コーチは笑顔でこうたたえた。

「ショートもフリーも、両方で強いプログラムになってきた。ユヅルにとって、大きな飛躍の一歩だ」

◇

黒海沿岸に位置するソチは、ロシア随一のリゾート地として開発に力が入れられていた。整備された五輪公園内に、ソチ五輪のフィギュアスケート会場となるアイスバーグ・スケート・パレスはある。

五輪本番まで1年2カ月ほど残したこの時期は、まだ会場周辺も整備の途中だった。

2012年12月6〜8日、ソチ五輪のテスト大会を兼ねて開催されたのが、このシーズンのGPファイナルだった。

このときの日本勢は羽生選手に加え、バンクーバー五輪代表だった高橋大輔選手と小塚崇彦選手、さらにはこのシーズンに成長を遂げてきた町田樹選手も出場した。ＧＰファイナルは、ＧＰシリーズ全6戦の成績上位6選手で争われる文字どおりのファイナルだ。いかに日本男子の層が厚くなってきたかを象徴する大会だった。

もちろん、世界選手権2連覇中の王者、パトリック・チャン選手もエントリーリストに名を連ねる。

羽生選手はＮＨＫ杯後、トロントには戻らず、地元の仙台で調整を続けていた。練習のスケジュールも、ファイナルに合わせた。ソチと日本の時差は5時間。時差対策として、仙台の練習を深夜に行ない、就寝時間も朝方へずらした。それでも、大会に向けた重圧から胃痛に見舞われたこともあったという。

往路で飛行機トラブルに巻き込まれたという羽生選手は現地の公式練習後、「調子はちょっと下がり気味です。でも、ちょっとずつ良くはなっています」と笑顔も見せていた。

日本人選手4人が同じ組で滑った公式練習は「ホームのような感じですね」と前向きにとらえ、「4回転はトウループもサルコウも決まりました。感覚としてもいいです。やっぱり、オリンピックの会場はすごく大きくて、氷も洗練されています。でも、オリンピックを意識しないようにと思っています」と気持ちをコントロールしていた。

このとき、選手たちが宿泊したのは五輪本番で使用する予定のホテルではなかった。ソチでの生活を聞かれ、羽生選手は「お風呂に入ろうとしたら、虫がいました」と報道陣を笑わせた。

迎えた本番の演技は圧巻だった。

GPシリーズ2戦で続けて世界歴代最高得点をマークしたショートは、後半のジャンプでミスが出て3位スタートとなったが、フリーは冒頭で4回転トウループを成功。続く4回転サルコウが2回転で抜けたものの、その後は目立ったミスはなく、何より課題だった後半から終盤にかけてのスタミナも切らすことなく滑り終えた。

トロントでのハードな練習が実りつつあることをうかがわせた。安定感が高まる2種類の4回転に自信を持っていた羽生選手は、「(4回転サルコウが)転倒しても、(回りきって)跳べていれば、点数がもっと伸びたのに」と悔しい表情を見せた。

フリーで2位に入って、ショートから順位を1つ上げて銀メダルを獲得した。この大会の最大の収穫は、ソチ五輪金メダルを本命視されていたチャン選手を初めて破ったことだった。

トロントに渡った当初は、知っている単語を並べて必死に自分の考えを伝えていた羽生選手が、少しずつ海外メディアの質疑に英語で答えられるようになっていった。通訳に頼らない姿勢は強い向上心の表われでもあった。

五輪本番に残した表彰台の頂点という宿題と、五輪で金メダルを獲得するには避けて通れないチャン選手との戦いに勝つという収穫を手に、羽生選手はソチを発った。

③2012年、初の全日本王者へ

2012年の全日本選手権の日本男子はかつてないほどのハイレベルな戦いとなることが予想された。羽生選手のほかにも、GPファイナル覇者の高橋選手、このシーズンのGP大会を制している小塚、町田、無良崇人の3選手に加え、左膝負傷から復帰の織田信成選手もいた。

この大会は、13年3月にカナダ・ロンドンで開催される世界選手権の日本代表最終選考会を兼ねていた。

GPファイナル2位になった羽生選手だが、じつはファイナル後のエキシビションを欠場していた。演技後のコンディションは最悪の状態だった。2度の嘔吐と発熱、腹痛で、歩くにも大変だった。全日本に向けて帰国したあとも、数日間は練習ができなかった。食中毒の症状に見舞われて食事がとれず、筋力も落ちてしまっていた。

このころの羽生選手は高まる人気と期待という重圧も一身に受けていた。リンクに立てば堂々と演じることができても、まだ高校3年生で、12月7日に18歳の誕生日を迎えたばかりだった。

それでも、勝負の舞台に立つ羽生選手は弱音を吐かなかった。

「全日本独特の緊張感はありますが、やることは一緒です。気負うことなく、目の前の大会で力を出すだけだと思っています。この前の試合よりも成長しているところを見せたいですし、表彰台には絶対に上がりたいです」

迎えたショートで、羽生選手は爆発的なパフォーマンスを披露する。

冒頭で好調を維持してきた4回転トウループで幕開けしたプログラム『パリの散歩道』はほぼ完璧な演技だった。

長い手足を駆使したスピンもステップも華麗で切れがあった。オーサー・コーチとハイタッチを交わした手応え充分の演技は、国内大会ということで得点はＩＳＵ非公認だったものの、自身が持つ世界歴代最高得点を上回る97・68点（1位）だった。

「得点がすごくてびっくりしました。記録（自身が持つ世界歴代最高得点）を抜くことができてすごく嬉しかったです。練習でもノーミスの数が多くなっていましたし、オーサー・コーチからは『やることはやってきた』と言ってもらっていました」

GPシリーズで2戦続けて世界歴代最高得点をマークしたショートは、その後も慢心することなく、「どうやって自分の演技を超えるか」と、なおも高みを目指して練習を重ねてきた。

4回転ジャンプの安定、さらにはステップのレベルアップなど、約2週間前のGPファイナルでつまずいたショートでの高得点へと結びつけた。

重圧やストレスを受け止める覚悟もできた。

「プレッシャーがあるのは、期待されているからこそだと思います。そのことをエネルギーに変えて戦っていきたいです」

そして、もう一つ芽生えた自覚があった。それは「エース」の継承だった。

「今回の全日本では優勝争いに絡んでいかないといけないと思っています。高橋選手、織田選手、小塚選手といった先輩方がいたからこそ、自分はここまでやってくることができました。たくさんの先輩のように強い日本を引っ張っていきたいと思っています」

◇

翌日の12月22日のフリーで、羽生選手は有言実行で「全日本王者」の称号を手にした。最終滑走でリンクに立った羽生選手はやはり冒頭で2本の4回転ジャンプに果敢に挑んだ。1本目で着氷のバランスを崩し、2本目も着氷が乱れた。GOE（出来栄え評価）で減点となるのは覚悟の上だった。転倒することなく必死にこらえたことで、光明が差した。その後は大きなミスがなく、ショート2位から高得点で追い上げた高橋選手に逆転を許さなかった。

羽生選手は猛追をかわして安堵の表情を浮かべた。

そして、実感を込めて喜びをかみしめた。

「全日本は、小さいころからずっと1番になりたかった大会です。優勝にはすごく重みがあります」

幼少期にプルシェンコ氏にあこがれ、被災地を背負う立場となり、海外に拠点を移して高みを目指してきた18歳は、ついに「全日本王者」のタイトルを手中に収めた。

◇

ソチ五輪プレシーズンの13年世界選手権は拠点を置くカナダ国内のロンドンで開催されたが、羽生選手はインフルエンザに罹患、その後の調整を急いだことで左膝痛にも見舞われた。

万全ではないコンディションの中だったが、4位に食い込んだ。

「全日本王者として責任を感じていた」と振り返った羽生選手は、翌シーズンに迫った五輪の日本男子代表枠を最大の3つ獲得することに貢献する意地を見せた。

置かれた立場も環境も激変した高校3年間を「特急電車のようだった」と打ち明けた羽生選手は、春から一般入試で合格した早稲田大学へ進学することを表明した。

羽生選手は大学進学について、「スポーツの中でも陸上や野球はすごく科学的に検証されていることが多いのに対し、スケートはこれだけ人気になってもまだまだ解明されていない部分が多いように感じます。だからこそ、自分で考えなきゃいけないし、それゆえの面白さがあると思っています。大学進学を決めたきっかけは、スケーターとしての視点の幅を広げたいと思ったことです」と理由を明かしている。

そして、五輪シーズンは新たな所属先が全日空（ANA）になることも決まった。

④3度目の正直実らせ、福岡で塗り替えた勢力図

宮城県のJR仙台駅から地下鉄南北線に乗り、最寄り駅から10分以上歩いた場所に「アイスリンク仙台」はある。屋内の通年リンクはかつて羽生選手が練習に励んだ地として知られる。2013年8月30日は、日本に一時帰国していた羽生選手が慣れ親しんだ同リンクで練習を公開することになっていた。間もなく始まるソチ五輪シーズンに向けた公開練習とあって、たくさんの報道陣が駆けつけていた。

この日、五輪シーズンのプログラムが発表された。ショートは前シーズンに世界歴代最高得点を更新した『パリの散歩道』、フリーは東日本大震災を乗り越えて17歳で世界選手権の銅メダルをたぐり寄せた『ロミオとジュリエット』を演じることが明かされた。

ショートはほかの曲も試したが、「しっくりこなかった」という。さらにはソチ五輪で金メダルを獲得するための戦略もあった。

「95点を出せた曲でもあるので、余裕をもってフリーに臨めるようにしたいと思っていま

す。もちろん、少しブラッシュアップして昨シーズンとは違う雰囲気を出したいので振り付けは変えますが、ジャンプはブライアン（・オーサー・コーチ）とも話して構成は変えないことに決めました。ジャンプ以外のスピンを正確にして、しっかりポーズを決められるようにしたいです。１００点を出すくらいの意気込みで頑張りたいと思っています」

フリーは2シーズン前と曲調を変えた。最後のスピンをよろけそうになりながら必死に回った17歳のときとは違う。五輪の金メダリストになるための選曲だった。

ジャンプ構成では、トウループとサルコウの2種類の4回転が組み込まれている。

この時期の羽生選手は4回転トウループについて、「なんでこんなに跳べないのかというくらい調子が悪かった」と話す一方で、「4回転サルコウはウォーミングアップをしなくても跳べるくらい、成功率が高いです」と胸を張った。

その上で、「4回転サルコウができるのは僕の長所」と言いきり、「2年前と比べたら体力がつきました。自分の気持ちと気合いのおもむくままに滑っていた2年前とは違います。今シーズンは表現の仕方も変わっていて、曲に合わせてジャンプ以外でも魅せられるようにしたいと思っています。完成度の高いプログラムにしたいですね」

初めて挑む五輪切符を懸けた戦いに羽生選手の気持ちも高ぶっていた。

「オリンピックは小さいころからの夢です。とくにこの4年間は夢舞台を目指してやってきました。その集大成の思いを込めたシーズンになると思っています。オリンピックでは金メダルを獲りたいです。でも、その前に日本男子は強敵ばかりです。代表の切符を獲るのも難しいですが、悔いの残らないように全力でやっていきます。ある意味で、自分の命を削るような決意でやりたいと思っています。観客のみなさんの心に入り込むような演技をしたいと思っています」

◇

羽生選手はこのシーズンのGPシリーズで、スケートカナダとフランス杯にエントリーした。

GPシリーズは前のシーズンの世界選手権の上位3選手が本人たちの希望にも配慮した上で2戦ずつ振り分けられる。次に4～6位の選手のエントリーが決まる。4位だった羽生選手は上位3選手がどの大会に出場できるかを踏まえた上で、エントリーができる状況にあった。

上位選手との兼ね合いから優勝を狙えそうな大会、あるいは日本開催のNHK杯を入れるかなどを見据えることができた。GPシリーズ全6戦の上位6選手がソチ五輪の前哨戦ともいえる12月のＧＰファイナルの出場権を得られる。ここに出場することはソチ五輪で金メダルを獲得するには不可欠ともいえた。加えて、このシーズンのＧＰファイナルは福岡市で開催されることになっていて、日本人選手にとっては声援が大きな後押しになることは確実だった。

そんな中で、羽生選手が選んだのはカナダとフランスの大会だった。スケジュールや移動を考えてのエントリーだったが、奇しくも、この２大会には、ソチ五輪の金メダルが最有力視されていたパトリック・チャン選手が出場することになっていた。

高いスケーティングスキルからスピードに乗った滑りができるチャン選手は、初出場で5位だった10年バンクーバー五輪後の男子シングルを牽引してきた存在だった。

ルール改正によって失敗のリスクが軽減された4回転ジャンプを、高い成功率で安定させ、ショートで１本、フリーで２本の計３本を組み込んだプログラムを「世界で勝つためのスタンダード」として確立させていた。

羽生選手は、12年にソチ五輪のテスト大会として開催された五輪会場でのＧＰファイナルでチャン選手を上回る２位に入ったものの、通算では１勝４敗だった。序列を覆すには、ＧＰシリーズでの勝利が必要だった。

◇

「このままじゃ戦いきれない」

ソチ五輪シーズンのGPシリーズで自身の初戦となったスケートカナダを終えた羽生選手には焦りがあった。

見据えた先には世界選手権3連覇中のチャン選手がいた。

羽生選手はトップ選手のジャンプなどの映像を携帯するタブレットで見て参考にしていた。４回転トウループの見本はチャン選手、サルコウはハビエル・フェルナンデス選手だと教えてくれたことがあった。

羽生選手はスケートカナダで2位、対するチャン選手は1位だった。

「はっきり言って、ジャンプを跳ばないと点数は出ないと思います。それは、今回のパトリック選手を見ていて思いました。順位も点数も結果を出しています。自分はここまで、ジャンプにフォーカスして頑張ってきましたが、もっと練習の段階からスケーティングやステップをやっていきたいと思いました。パトリック選手を見て、ステップで手を抜いたらいけないなとも思いました」と刺激を受けた。

このとき、羽生選手はこんな表現を使っている。

「ジャンプは競技としてありますが、表現は競技の枠を超えられると思っています」

そんな矜持から「もっと、もっと自分を高めて上の次元で戦いたい」と肝に銘じた。五輪シーズンが幕を開け、羽生選手への注目度も高まりを見せていた。カナダのセントジョンで開催されたスケートカナダは、多くの報道陣が現地で取材をした。筆者もＧＰシリーズ初戦のスケートアメリカから北米に残って取材を続けた。

羽生選手が話した言葉が印象的だった。

「メディアの人たちにいろんなことを話すことで、課題も言葉として明確になります。記事や映像であとから見たときにも、そのときのことが思い出せます。話している言葉は一瞬でしかないですけど、自分が発したことは間違いないですよね。あとから見たときに、『こんなに悔しかったんだ』『もっと頑張ろうと思っていたんだ』というのがモチベーションにつながります」

そんな羽生選手は五輪シーズンのゴールとして、シーズン当初からすでにソチの舞台をイメージしていた。

「オリンピックのメダルはすごく意識しています。実際、手に入れたいですし、表彰台にも立ちたいです。そのために、（12年ＧＰファイナルで滑った）ソチの会場でショートやフリーを滑る自分を想像したイメージトレーニングもしています」

13年春に進学した早稲田大学での学業とも向き合っていた。

「じつは今日も、(大学に)課題を提出しました。提出期限とか大変ですけど、勉強は嫌いじゃないんですよ。勉強をしていくことで、何かしらの観点でスケートを見られるときがあります。そういうものがあれば、ものすごく収穫になると思います。遠征中もパソコンはずっと持ち歩いていて、英語はオンラインでスピーキングやライティングのテストもいっぱいあります」と文武両面での充実ぶりも強調した。

スケート以外にも力を入れながら五輪シーズンを戦う羽生選手だが、フランス杯も2位で、チャン選手はショート、フリーでともに世界歴代最高得点を更新してGPシリーズ2連勝を飾った。この時点で直接対決は1勝6敗と差は開幕前よりも開いてしまった。

フィギュアスケートのような採点競技においては、お互いがベストな演技をした場合には、過去の実績が得点に影響することは避けられない。

羽生選手にとって、自らの演技がチャン選手の上を行くということを証明するために、五輪前に残された最後の大会が、福岡開催のGPファイナルだった。

◇

この大一番で見せた勝負強さが、ソチ五輪の金メダルに光明をもたらすことになる。

満員の観客で埋まったマリンメッセ福岡を大歓声に包み込んだのは、男子ショートだった。

羽生選手の演技は圧巻だった。最初の4回転トウループを高く余裕を持って決めると、トリプルアクセルと連続3回転ジャンプの着氷も完璧だった。自身が「いいジャンプが跳べました」と自賛した会心の出来栄えだった。

このころの羽生選手は、練習などで気になったことがあるとメモに書き出すことで頭を整理するようにしていた。頭の中で悶々と考えがめぐらないように、冷静に自らと向き合うことができていた。

圧巻の演技だが、まだ得点に伸びしろがあった。演技終盤のスピンでバランスを崩したため、最高難度のレベル4ではなく、レベル3と取りこぼしていた。

「最後によろけてしまったのが残念でした。もっと丁寧に一つの作品としてつくり上げていきたいです」

堂々の首位スタートにも慢心はなかった。

◇

そして19歳の誕生日を翌日に控えた12月6日のフリーで、歴史が動いた。

羽生選手の演技の直前に滑ったチャン選手が192・61の高得点をたたき出した。会場にアナウンスされたスコアは、直後の最終滑走に向けてリンクに入っていた羽生選手の耳に届き、脳裏に刻まれていた。

それでも、動じなかった。

「いつか、こういう雰囲気のあとに良い演技をしないといけないと思っていました」

この重圧に押し負けてしまうようでは、五輪の頂点はつかめない――。羽生選手は覚悟を決めてリンクに飛び出した。

勝負のフリーは、冒頭の4回転サルコウで転倒して幕を開けた。すぐに気持ちを切り替えることができたのは、次の4回転トウループに対する「いつでも、どこでも跳べるジャンプ」という自信があったからだ。落ち着いて4回転トウループを成功させると、ペースを取り戻した。

チャン選手が1種類の4回転ジャンプしか跳ばないのに対し、羽生選手は2種類を跳べる。

基礎点が1・1倍になる後半のジャンプをミスなく降り、演技構成点では5項目すべてで9点台を並べるほどに表現力も磨きがかかっていた。

チャン選手は、取材が行なわれるミックスゾーンのモニター画面に映し出される羽生選手の得点を待っていた。表示されたスコアは１９３・41点。チャン選手は画面を見たまま、しばらく動かなかった。

視線の先にいたモニター画面の羽生選手は、やや驚きの表情を浮かべながらも初優勝の結果を受け止めていた。

ショート、フリーでともにチャン選手らを上回る完全優勝で、初のＧＰファイナル覇者となった。合計得点は、これまでの自己ベストを30点近く更新する２９３・25点。「自分とどれくらいの差があるのか」と常に頭の中で意識してきたチャン選手を五輪シーズン３度目の直接対決で上回り、２カ月後に迫ったソチ五輪へ大きな弾みをつけた。

◇

前年覇者として臨んだ12月下旬の全日本選手権では、金メダリストへの歩みをさらに進めた。全日本史上初めてショートで１００点超えとなる１０３・10点をマークし、非公認ながら自らが持つ世界歴代最高得点を上回った。

「広いリンクを一人で滑ることができて、すごく大きな歓声をもらえる。その瞬間が、スケートの魅力の一つです」

屈託のない笑顔でこう話したことがある羽生選手にとって、最高の瞬間だった。得点表示に約1万7000人の観客で埋まったさいたまスーパーアリーナがどよめいた。冒頭の4回転トウループから3種類すべてのジャンプを完璧に跳び、表現力などを示す演技構成点も9点台を並べた。

フリーも同じくトップで合計得点は、前人未踏の300点に迫る合計297・80点。多くの選手が重圧を感じるという試合だが、羽生選手はそんな緊張感の中で、練習してきた成果を披露することが大好きだった。浴びた歓声の分だけ成長を続けてきた19歳が全日本連覇で初の五輪切符を手中に収めた。

日本のエースとして臨む大舞台を前に「ここからがスタート」と気を引き締め、「オリンピックは確かに特別かもしれませんが、一つの試合ということには変わりありません。たとえばですが、GPファイナルは、GPシリーズで良い成績を出さないと出場できませんよね。オリンピックも4年間がGPシリーズみたいなもので、そこをやってきたからこそ出られると思います。一生懸命、頑張ってきます」と決意を語った。

⑤受け継いだ王者の系譜と史上初の１００点超え

透き通るようなスカイブルーが２０１４年ソチ五輪のイメージ色だった。

前年シーズンのＧＰファイナルのときは工事の真っただ中だった会場周辺もすっかり整備されていた。

２月４日、羽生選手は五輪会場にある練習用リンクで初滑りを終え、「まだ氷の感触はつかめていないですけど、楽しく滑ることができました」と晴れやかに語った。

前夜にソチに入ったばかりだったこともあり、４回転ジャンプを回避し、40分間の練習ではじっくりと氷の感触を確かめていた。そうはいっても、すでにトリプルアクセルはコンビネーションでも着氷させていた。

フィギュアスケートは、この大会から新たな種目の実施が決まっていた。それが、国・地域別に争う団体戦だった。男女のシングル、ペアとアイスダンスの４種目のランキングなどで選考された10チームが出場して争われた。２種目まではフリーで選手交代が可能だったため、日本は代表選手が各３人だった男子と女子は、ショート、フリーにそれぞれ別の選手を送り出すことになっていた。

日本の大会前の4種目のランキングは4位。総合力ではカナダ、ロシア、アメリカが三強と目されていた。4種目のショートの成績で上位5チームがフリーへ進出できるルールだった。

全日本王者の羽生選手が託されたのはショートだった。

当時の日本は男女のシングルが世界のトップクラスに位置付けられる一方、ペアとアイスダンスは苦戦が必至という状況だった。

こうした中、全体の先陣を切るのが、羽生選手が出場する男子ショート。日本チームの監督を務める日本スケート連盟の小林芳子フィギュア強化部長は、「日本としては、まずフリーに進む5カ国に残ることを目標にしています。そのためにも、羽生選手にはショートで1位を取ってほしいと期待しています」と「大黒柱」としての働きを期待していた。

羽生選手にとっては、日本を背負う団体戦という位置付けはもちろん、個人戦の本番前の前哨戦にもなっていた。五輪という初の大舞台にのしかかる重圧の中で本番リンクを経験できるメリットも大きかった。

もちろん、他国もエースがそろった。

2月5日に発表された男子ショートの出場選手は、カナダは世界選手権3連覇中のパトリック・チャン選手、そして開催国の威信を懸けて臨むロシアは、トリノ五輪金メダリストのエフゲニー・プルシェンコ選手がエントリーした。

羽生選手も「日本を代表して、自信を持って滑りたいです」と意気込んだ。

◇

〝競演〟は5日の公式練習から始まっていた。

羽生選手の視線の先には、「皇帝」がいた。ソチで4大会連続の五輪出場になるプルシェンコ選手は、過去3大会で金1個、銀2個のメダルを獲得している。幼少時にマッシュルームのような髪型を真似、「スケートを始めて、いちばん好きになった選手」とあこがれを抱き、背中を追いかける存在だった。

気になっていたのは羽生選手だけではなかった。同じ組で滑った公式練習で、プルシェンコ選手は視線を羽生選手に注いだ。4回転ジャンプの着氷を見届けると拍手でたたえた。

羽生選手はあこがれる気持ちを封じ込め、目の前の戦いに集中するかのように言った。

「プルシェンコさんと滑ることはとても楽しみです。だけど、まずは日本の代表でもあるので、しっかりと自分の演技に集中したいです」

いざ、迎えた2月6日の団体戦男子ショート、世界は19歳の圧巻の演技に目を奪われた。会場と同じ青を基調にした衣装に身を包んだ羽生選手が、人さし指を立てた右腕を突き上げた。

◇

最初の4回転トウループから後半のトリプルアクセル、2連続の3回転ジャンプと完璧なジャンプを決め、五輪のリンクを支配。チャン選手も、プルシェンコ選手も太刀打ちできない圧倒的な強さを、初めての五輪という大舞台で物怖じすることなく披露した。

「チームのためにできる最大限のことはやれたと思っています」

羽生選手は期待に120％で応えた。男子ショートで全体1位となる97・98点をマーク。日本はメダルを逃したが、羽生選手にとっても五輪会場の雰囲気を肌で感じ、個人戦に向けて士気をさらに高める絶好の機会となった。

◇

団体戦のショートでは、演技直前の6分間練習の調整法が成果を発揮していた。

このとき、滑りながら身体の軸を確認していた羽生選手が6分間に跳んだ4回転トウループは1本だけだった。

じつは、羽生選手がオーサー・コーチに師事するようになって、顕著に変化したのが6分間練習で跳ぶジャンプの本数だった。

羽生選手はソチ五輪前に産経新聞などのインタビューでこんなふうに語っていた。

「いちばんの変化は試合への臨み方です。僕は直前の6分間練習でも、ジャンプを何本も跳ばないと気が済まないタイプでした。普段の練習でもジャンプをたくさん跳び、むしろステップなどの練習が少なかったです。ブライアンの指導で、ジャンプの比率を下げて、体をいたわりつつ技術を磨いていくように考え方が変わっていきました。（6分間練習でのジャンプを少なく、ポイントなどを確認して集中するような調整法は）試合を積み重ねていく中で、自分自身も理解を深めていくことができたので、オリンピックシーズンで違和感がなくなりました」

この間のプロセスは決して平坦ではなかった。

「最初は文化の違いもあって、戸惑いばかりでした。練習中も言われたことの意図がわからず、言葉も通じないので、自分の意見をぶつけることすらできなかったですから。正直に言えば、何度も日本に帰ろうと思いました」

それでも、芯はぶれなかった。海外への渡航は、遠征ですら好まなかった羽生選手がなぜ、カナダへ拠点を移したのか。

「ただ強くなりたい。その一心からでした」

だからこそ、前に進むためにぶつかる覚悟を決めた。独学で英会話を習得し、オーサー・コーチと積極的にコミュニケーションを図った。自分の考えを主張し、相手の考えに耳を傾けて、「やっとお互いの距離感がつかめ、信頼関係も築けるようになりました。いまはブライアンと同じレールの上を走っている感覚があります」と言える状況で迎えた五輪本番だった。アジャストできた調整法で高得点につなげ、目前に迫った個人戦へ勢いをもたらした。

◇

ついに迎えた男子個人戦のショートは、再び羽生選手の独壇場だった。

「自分のベストを出せました」と振り返った会心の演技は、当時のフィギュア界に衝撃をもたらす史上初の3桁得点となる101・45点。得点表示を目にした羽生選手は「とにかく嬉しいです」と、両手で力強くガッツポーズをつくった。

冒頭で跳んだ完璧な4回転トウループが、流れを決めた。

五輪シーズンの4回転ジャンプの成功率は、決して高くなかった。

チャン選手と直接対決したスケートカナダ、フランス杯、ＧＰファイナル、ソチ五輪団体戦の４戦を比較しても、両選手はそれぞれショートとフリーで計10本の４回転を試みている。ＧＯＥが加点されたジャンプを成功とみなすと、チャン選手の９本に対し、羽生選手は４本の成功にとどまっていた。成功率は90％と40％だ。

先に好印象を残したのは、チャン選手だった。

ショートとフリーで３本すべてを成功させたフランス杯で世界歴代最高得点をマークするなど、ＧＰ２連勝を飾った。

一方の羽生選手は、五輪シーズンにもさらに伸びしろがあった。

ＧＰファイナルのショートで、ジャッジ９人中６人が、ＧＯＥで当時の満点だった「３」をつけるほどの完璧な４回転トウループを披露し、チャン選手からショートの世界歴代最高得点を奪取した。

そして、ソチ五輪の個人戦でさらにスコアを伸ばし、この日の圧巻の演技へとつなげた。

細身の肉体は、かつてはもっと華奢だった。それでも、幼少期から大事にしてきた基本を徹底し、美しいフォームを手に入れた。腹筋と背筋を鍛えて強化した体幹が、ぶれない回転軸を生み出すようになった。

さらに映像を見返し、イメージを膨らませ、リンクで体現する地道な練習を繰り返した。そして、揺るがない自信を確立していった。

初の大舞台に「足が震えました」と明かすほどの緊張感に包まれても、強固な土台は、決して崩れることはなかった。

世界初のショート100点超えは、「幸運」ではなく「必然」——。

五輪の金メダルへ、ついに〝王手〟をかけた。

⑥19歳69日、栄光の金メダリスト

団体戦のショートで五輪の雰囲気を肌で感じ、さらには爆発的な演技で強烈な印象を残した羽生選手は、個人戦の男子ショートでさらなる衝撃を与えた。それが、100点超え(101・45点)の首位スタートだった。

優勝候補の本命といわれたチャン選手は、97・52点で2位につけた。プルシェンコ選手は、個人戦のショート前の負傷で棄権して戦いの舞台から降りていた。金メダルを懸けたフリーは、羽生選手とチャン選手の事実上の一騎打ちの様相を呈していた。

圧倒的に優位なのは、羽生選手だった。ショートで首位に立って、フリーを迎えるところまでは理想のプランどおりだった。

羽生選手のフリーは『ロミオとジュリエット』。冒頭で4回転サルコウを跳び、2本目に4回転トウループを携えていた。チャン選手は4回転を2本跳ぶが、種類はトウループのみ。羽生選手は2種類の4回転を跳び、一気に金メダルをたぐり寄せる算段だった。

しかし、「魔物」がすむといわれる五輪の難しさを肌で感じるフリーになった。

演技直前の6分間練習から、緊張で体の震えが止まらなかった。

じつは現地へ入る飛行機の中、睡眠から目が覚めるとイメージトレーニングを繰り返していた。そのシーンはいつもフリー冒頭の2本の4回転ジャンプだった。

「そこしか頭に浮かびませんでした。イメージの中では全部跳ぶことができています」

しかし、揺れる気持ちで挑んだ冒頭の4回転サルコウは惜しくも転倒した。直後の4回転トウループを成功させたが、続く3回転フリップは着氷でバランスを崩して両手をついた。

転倒のダメージは大きく、すぐに立ち上がって曲の流れに追いつくためにスケーティングのスピードも上げなくてはならなかった。6日の団体戦ショート、前日13日の個人戦ショートと、過密日程で疲労も蓄積する中、いつも以上に体力を奪われた。それでも、大崩れしなかった。苦しい時間帯になる後半の5種類のジャンプは、大きな取りこぼしをしなかった。

かつては、週1回やればいいほうだったというフリーの「通し練習」を五輪シーズンは、ほぼ毎日こなすくらいハードに練習を積んできた。体幹も鍛え、一時はマスクで口を覆って呼吸をしにくい状態にするなど、工夫を重ねながら滑っていた。171センチ、56キロで、体脂肪率5パーセントほどの細身の肉体に蓄えたスタミナは、最後まで燃料切れを起こさなかった。

強烈な記憶を残した2012年のフランス・ニースでの世界選手権では、最後のスピンがふらふらだった。しかし、この日は違った。最後のスピンも軸がぶれることはなかった。五輪を前に「成果が表われてきました」と話していたスタミナが土壇場で自らを救ってくれた。

演技後は、激しく肩で息を繰り返した。やり遂げた。

だが、得点は伸びなかった――。

逆転負けも覚悟した。

しかし、羽生選手のあとに滑ったチャン選手にもまた五輪の重圧がのしかかり、ミスが出た。フリー178・10点、合計275・62点。

羽生選手は、フリー178・64点、合計280・09点。ショート1位、フリー1位の「完全優勝」で、こぼれ落ちかけた金メダルを手中に収めた。

「すごく嬉しい反面、オリンピックの怖さも感じました。自分に負けた感じですね」と、複雑な心境だった。

それでも、選手としても指導者としても「結果」という厳しい世界で生きてきたオーサー・コーチは言った。

「ベストの演技ではなかったかもしれないが、勝利は勝利だ。彼の演技を誇りに思う」

逆転は許さず、19歳69日、史上2番目の若さで日本男子に悲願の金メダルをもたらした。

◇

実感が湧いたのは、金メダルを受け取ったときだった。

メダル授与のためにオリンピックパーク内の特設ステージに立つと、まばゆいライトを浴びる。そして、自らの名前がアナウンスされると、表彰台の真ん中へ勢いよく飛び乗った。見守る観客に笑顔で手を振る姿は「日本一、幸せ」という喜びを実感しているようだった。そして、金メダルを首にかけてもらうと、誇らしげに右手で掲げた。「日の丸」が掲揚されると、会場に流れた君が代を口ずさんだ。

普段は理路整然と饒舌に言葉を紡ぐ羽生選手が珍しく、至福の瞬間を表現する言葉が見つからずに「自分の語彙力のなさを痛感させられています」とはにかんだが、金メダルの感触を聞かれると、「すごく重いです。とにかく嬉しいです」と語ったあと、「いままで支えてくれた人たちのおかげです」と感謝の気持ちを述べた。

大会中には海外の記者からも東日本大震災に関する質問が出た。

長く考え込んだ末に羽生選手は言った。

「僕が金メダルを獲ったからといって、復興に直接的な手助けができるわけではなく、正直に言って、無力感もあります。でも、一生懸命やって、僕は金メダリストになることができました。もし、自分にできることがあるとすれば、ここからがスタートになると思っています」と故郷への思いを馳せた。

そして、自らの決意も新たにした。

「大好きなスケートをまた頑張っていきたいです。自分のスケートをもっと高みに持っていきたいです」

picture alliance/AFLO

4年後の平昌五輪ではショートもフリーも完璧な演技を——。

歩みを止めることなく前へ進むことを決めた羽生選手は約1カ月後、さいたま市のさいたまスーパーアリーナで開催された世界選手権も初制覇した。

ソチ五輪シーズンは、GPファイナル、五輪、世界選手権と「三冠」で締めくくった。

Yukihito Taguchi

第3章

孤高の「絶対王者」

①悪夢の中国杯、流血に屈せずに気迫の演技

ソチ五輪で金メダルを獲得し、平昌五輪での連覇へ向けて始動した羽生選手の翌2014－15年シーズンは波乱の幕開けとなった。

海外ニュースで飛び込んできたのは、衝撃的なシーンだ。14年11月8日。中国の上海オリエンタルスポーツセンターで開催されていたグランプリ（GP）シリーズ第3戦、中国杯に出場した羽生選手がフリー直前の6分間練習でリンク内の選手と衝突して転倒するアクシデントに見舞われた。

後ろ向きに滑っていた羽生選手にとって、完全な死角からの衝突は避けようがなかった。羽生選手はうつぶせの状態で倒れたあとに激しく呼吸をし、その後はあおむけになってしばらくリンク上に倒れ込んだままだった。

救護スタッフに起こされると、自力でリンクサイドに戻ろうとし、鮮血を自らの指で確認したあと、ややうつろな表情でリンクサイドの奥へと消えた。

テレビカメラを通じた映像によると、ブライアン・オーサー・コーチらが心配そうに寄

り添い、体を休める羽生選手に他国チームのスタッフや大会関係者も次々と駆け寄っている。

欠場やむなしの状況の中、羽生選手は約10分後に再びリンクに姿を見せた。湧き上がる歓声の中、羽生選手は両手を広げる。そして、フリー本番に挑んだのだった。

出血したとみられる頭部はテーピングでグルグル巻きにし、同じく負傷したとみられる下顎は、絆創膏が赤くにじんでいた。

演技が始まると、ケガの影響を隠すことはできなかった。冒頭の4回転ジャンプで転倒し、次の4回転もうまく着氷できずに転んだ。しかし、闘志を振り絞るかのように演技を続けた。

前日の7日はショートが行なわれ、ジャンプでミスがあった羽生選手は2位スタート。この日のフリーで巻き返しを狙っていた。

リンクサイドでオーサー・コーチから送り出された羽生選手のプログラムは『オペラ座の怪人』。得意のトリプルアクセルをはじめ、後半もジャンプの転倒が続いた。限界の中で、それでも滑ることをやめなかった。

最後まで演じきった羽生選手を、会場は大きな拍手でたたえた。スタンディングオベーションに、数多くのくまのプーさんのぬいぐるみが投げ入れられた。羽生選手は苦しい表情に笑顔をつくった。リンクを出たところで、オーサー・コーチに抱えられると全身を預けるように脱力した。154・60点のアナウンスを聞くと、やや驚いたような表情を見せた。そして、両手で顔を覆って男泣きした。まだ「絶対王者」と呼ばれる前の羽生選手は、張り詰めた緊張感から解き放たれて感情があふれたように見えた。フリー2位で、ショートとの合計でも237・55点で2位となった。

報道によれば、アメリカチームの医師が患部の下顎を7針縫ったほか、頭部や両足も負傷していた。宿舎には車椅子に乗って戻った。最終的な出場は、羽生選手が医師の見解も聞いた上でオーサー・コーチと決断したという。

筆者はこの大会に同行しておらず、現地から配信される通信社の記事などで情報を集めた。インターネット検索などを通じて、激しい衝突は、後遺症も深刻な脳震盪などの危険もあると指摘されていることがわかった。

日本への帰国はフリー翌日の9日。

成田空港の到着ロビーには大勢のファンも心配そうに待ち構えていた。

羽生選手は負傷した下顎などを覆うようにマスクを着用し、車椅子に乗って姿を見せた。ファンや報道陣の呼びかけに、羽生選手は何度も会釈を繰り返した。その日に病院で精密検査を受けた。

日本スケート連盟が報道各社に宛てて出したリリースには、頭部と下顎の挫創などで全治2〜3週間、さらには腹部と左太腿の挫傷、右足関節の捻挫と、ケガの箇所が並んでいた。羽生選手は「皆様にはご心配とご迷惑をおかけしてしまい申し訳ない気持ちでいっぱいですが、まずはゆっくり休み治療したい」と書面でコメントした。

羽生選手は中国杯後、大阪・なみはやドーム（現・東和薬品RACTABドーム）で開催されるGPシリーズ第6戦のNHK杯に出場することになっていた。ケガの回復状況、その後の調整期間を考えると、出場は難しい状況にあった。

帰国後に出場を棄権する決断が下されても、まったく不思議ではなかった。

しかし、あの状況で中国杯を滑り抜くという不屈の闘志を見せた羽生選手がどんな決断を下すかは、わからなかった。

もちろん、医師の診断も出場可否に大きく影響するだろう。

出場か、回避か。日本スケート連盟や関係者への取材の日々が始まった。

②NHK杯で見せた王者の執念

漏れ伝わってくる情報には当初から、違和感があった。ただ、治ればいいというわけではなく、全治まで2～3週間かかれば、リンクで滑ってコンディションを整えるのにもかなりの時間を要するはずだ。ケガから20日しか時間がないNHK杯への出場は現実的ではないはずだ。

しかし、羽生選手の周辺からはネガティブな情報がほとんど入ってこなかった。「出場をあきらめていないみたいだ」「本人は出るつもりでいる。あとはコンディションがどうなるか」「決断はギリギリになるだろう。それは、本人が強く出場を望んでいるから」。取材を進めると、羽生選手本人は出場に前向きだということがわかってきた。

そして、羽生選手がNHK杯の出場に向けて大阪入りするという情報をキャッチした。帰国後の精密検査で脳の異常が確認されなかったということもわかった。開幕3日前の11月25日。産経新聞の夕刊1面に「羽生、NHK杯出場へ 3位以内で白力ファイナル」との見出しで記事を書いた。

日本スケート連盟は、26日午後に会場で行なう非公式練習を見て最終判断すると発表し、オーサー・コーチも25日には来日。「出場の可能性はかなり高い」と話し、すでに氷上練習を再開し、4回転ジャンプも跳んでいることを明かした。

非公式練習後の26日、報道陣は会場に入れず、出入り口付近で待機していた。薄暗い照明しかなく、日陰で肌寒い気温だった。そんな中で非公式練習後、選手や関係者を乗せ、宿泊先のホテルへ向かうバスが会場を出ようとした。そのときに、最後尾に羽生選手の姿を確認できた。

日本スケート連盟の小林芳子フィギュア強化部長が26日の非公式練習後、会場入り口付近に報道陣を招き入れた。緊張感に包まれる中、取材に応じた。

「先ほど、非公式練習を終えました。本人（羽生選手）、コーチ、帯同ドクター、連盟みんなで協議をした結果、明日からのNHK杯は予定どおり出場します」

小林フィギュア強化部長は非公式練習の内容についても触れ、「いつものとおり、ステップから始まり、ジャンプ、プログラムの中のジャンプ、スピンでいつものような予定で行ないました。トリプルアクセル、4回転トウループ、サルコウもやりました。成功したものもありますし、失敗したものもあります。（練習後、リンクから）上がってから、ドクターが、本人への問診と医学的所見で、異常となる所見は見られないという判断がありましたので、それを（報道陣に）お伝えします。本人は、やはり両足に多少の痛みが残っていますが、明日から『頑張る』ということでした。練習は1週間ほど前に始め、氷に乗って、少しずつですので、本格的な練習をいつから行なっているかなどは、明日の記者会見で本人にお聞きいただいたほうが間違いないです」とギリギリの決断だったことも明かされた。

羽生選手は翌27日の午前の公式練習は見合わせ、午後の公式練習に姿を見せた。リンク内も外も緊迫感に包まれた。報道陣は、観客のいない観客席から羽生選手の一挙手一投足を追った。

誰かが何かを言ったわけではないが、羽生選手が滑るとき、同じ組で練習しているスケーターたちも自然と端へ寄って、羽生選手の滑りに見入っていた。

衝突の恐怖が生じない状況で調整をさせてあげたいという気配りか、あれだけのアクシデントから戻ってきた羽生選手がどんな演技をするのか、ほかの選手たちにもさまざまな思いがあったはずだ。そして、報道陣も羽生選手のジャンプやスケーティングを注視し続けた。

ＮＨＫ杯に出場する日本の選手たちが27日夕、大阪市内のホテルで記者会見を開いた。そこに羽生選手の姿があった。

注目は、羽生選手が、なぜ出場に至ったのかという思いと現状についてだった。会見の冒頭、出場した全選手に共通した「大会に向けた抱負」という質問が行なわれ、羽生選手は「まず、抱負を述べる前に」と断った上で、「中国杯でのケガについて、みなさんにご心配をおかけしたことを深くお詫び申し上げます」と神妙な表情を浮かべた。その上で、「現地（中国・上海）でしっかり診断を受けた上で出場したので、それに関してはあまり深刻に心配なさらないようにお願いします」と気遣った。

抱負については「万全の調子じゃないためにレベルを少し落とす構成にしていますが、僕自身、一生懸命頑張って滑りたいと思っています」と力を込めた。

続く質問で、構成を変えた部分についても詳細に答えた。

「僕はショート、フリーともに中国杯から構成を変えています。ショートでは今シーズンから挑戦している後半の４回転トウループを、昨シーズンと同じように変えました。なので、４回転トウループを前半に、そして後半にトリプルアクセルと３回転－３回転のコンビネーションを入れる予定です。

フリーに関しては、後半の4回転トウループのところを3回転ルッツ－2回転トウループ－2回転トウループにしています。中国杯が終わってからは、安静にしていた期間が長かったので、戻すという作業にしか手をつけられなかったのですが、構成を変えたり、ジャンプのタイミングが変わったりすることがあったので、自分のジャンプに近づけることを意識してきました」

冷静に、演技構成を変えた今大会のジャンプについて言及し、さらには出場に至った経緯についても、羽生選手は口を開いた。

「中国杯で、普通だったら棄権するような大きなケガをしてしまっていたので、みなさんが本当に心配してくれていたのですが、その中でもしっかりと診断していただいて、滑らせていただきました。『（GP）ファイナルに出たい』という自分の意思を尊重して、滑らせていただけたので、そのときの演技を無駄にしたくないという思いがまずありました。安静にしているときは、痛くて眠れず、歩くのも大変だった時期もありました。足の痛みが徐々に落ち着いてきて、氷に乗ったときは、少し（出場を）やめるという考えもありました。

ただ、徐々にやっていくにあたって、少しずつ感覚も戻ってきましたし、最終的には現地（なみはやドーム）で昨日（26日）滑ってみて、ほぼ感覚的には普通の状態に近いという判断をし、（オーサー）コーチと、（日本スケート）連盟のドクターと話をして、出場するということになりました」

出場の決断に至った理由に挙げたGPファイナルへの思いを問われると、「万全な調子ではないですし、体力のほうも落ちてしまっています。構成を下げてまで出るのかと言われたら、みなさんに本当に申し訳ないと思っていますが、自分自身、（GP）ファイナルに出たいという思いがすごく強いので、しっかりこの大会でいまの自分ができる最高の演技をしたいと思います」と、きっぱりと言いきった。

中国杯後の精密検査で診断が出たケガからの回復については、「足首は中国杯に行く前から捻挫していたので、演技の影響で悪化したということではないと僕は思っています。（医療用のホチキスで縫合した）頭部の傷に関しては、接触したときに裂傷を負って、そこが出血していました。顎に関しては、ぶつかったあとにお腹から顎にかけて氷に強打したことで裂傷になりました。腹部も同様に、氷に打ちつけたときに、息ができないほど苦しくなるくらい打ちつけたので、筋肉にダメージが残っています。

いちばん（症状が）重かった左太ももに関しては、いわゆるモモカンというやつで、バスケットボール選手などがよくなると聞きました。（衝突した選手の）膝があのスピードの中で自分の太ももの筋肉の部分に思いきり当たりました。打撲といったら軽い印象になってしまうかもしれないですが、筋肉の打撲で歩くのもつらいような状態でした。

今日と昨日の練習では左太ももには少し違和感はありますが、滑れると、自分とドクターとトレーナーとで判断しました」

中国杯後の一部報道では、羽生選手のフリー演技をやめさせるべきではなかったかという声もあった。頭部にあれだけの衝撃を受けているのだから、脳震盪を起こしていた可能性もあった。

こうした中で羽生選手が出場したことの危うさを指摘するとともに、批判の矛先が、帯同したコーチや日本スケート連盟に向けられることもあったようだ。会見でも「中国杯の決断」について質問が出た。

「実際にスポーツは自分の限界に挑んでいるわけで、ある意味では死と隣り合わせだと思っています。はっきり言って、僕が衝突した事故というのは、1秒にも満たないくらいの前後の時間の差があったとしたら、僕はいなくなっていたかもしれない。あのケースでは当たり所がまだ良くて、僕たちが振り向いた瞬間にぶつかっていたので、なんとか互いに顔をそらすことができました。また、僕は腕を出すことができたので、なんとか衝撃を避けることができました。顎は氷に打ちつけて、側頭部は（衝突した選手の）肩か顎にぶつかったと理解しているんですが、ここに関してはそんなに出血が多くなかったですし、頭が揺れたという感覚があまりなかったので、自分自身大丈夫かなと思っていました。

また、幸いなことに、現地にいたアメリカのドクターがすぐに僕のほうに駆け寄ってくれて、しっかりと診断してくれました。問診も受けました。見て判断していただいた部分もたくさんありましたが、その中で脳震盪の危険はないとブライアンも理解して、僕も理解しました。リスクはあったと思うのですが、僕らはそのドクターを信じたいという気持ちがあって滑りました」と詳細を明かした。

その上で、「もちろんリスクはあったと思います。ここにいること自体が奇跡に近い状態だと思います。たくさんの人が『あれは無謀だった』とか『危険すぎた』、『セカンドインパクトの恐れがあったから、やめるべきだった』とコーチや連盟の方々を批判したこともあると思うのですが、僕自身は、あのときに僕の意思を尊重してくれたブライアンと連盟にとても感謝しているし、中国杯で滑れて、またここにいることができています。自分の身体に感謝したいと思っています」と、サポートしてくれた周囲への理解も求めた。

28日のショートで5位スタートを切ると、フリーは3位。ジャンプにミスが出て、理想の演技ではなかったものの、総合で4位にまとめてGPファイナル進出を決めた。

羽生選手はフリーを終えると、不完全燃焼な結果にもかかわらず、言い訳することなく「これが僕の実力なんだなって思っています」と受け止めた。

ケガによる調整不足は明らかだった。実際、ケガをしてから、スピンやステップも入れて全部を通したのはフリー当日が初めてだったという。

しかし、勝負に関して同情を受けるつもりはなかった。

「スケート人生で何年間もずっと練習してきていることなので。2日間を滑り終えて、自分が得たものは、自分の弱さですね。ケガとかそういうのは関係ないんです、こういう失敗は。できないことは自分の弱さです」

大会から一夜明けた羽生選手は、「昨日は悔しくて、悔しくて、悔しくて、けっこう眠れなかったです。疲れて布団に入りましたが、寝たり起きたり、あと夢の中でうなされていました」と苦笑いした。「ちゃんと覚えてはいないけど、次の試合に向けてどうすれば強くなるか、自分をコントロールして本番で実力を出せるか、夢の中でトレーニングしていたと思います」と振り返った。

万全ではない状態で4位に食い込んだことは大健闘だったはず。しかし、NHK杯に出場したほかの日本人選手が表彰台に立つ姿を見て、「同じ日本人として誇らしかったですが、僕はそこまでできた人間ではないので、悔しかったです。もう一度、いちばん高いところに立ってやる、君が代を流す演技をしたいと思いました」と闘争心を燃やした。

中国杯が2位で、NHK杯は4位。どんな事情はあっても、五輪金メダリストとしてシーズンを迎えた羽生選手には受け入れがたい結果だったのかもしれない。

「今季は出遅れていて、焦りはあります。ここまで来て、尻に火がつかないようじゃ話にならないですよね。これがオリンピックシーズンじゃなくてよかったと思っています」

さらに羽生選手は、こう言って前を向いた。

「もう衝突する前には、どうあがいても、戻れないです。（競技人生の）壁をつくってもらって、こんなに楽しいことはない。（GPファイナルへ）練習できる期間は1週間ぐらい。この壁を打ち砕いて乗り越えたい。課題をいただいて幸せ者です」

連覇がかかるファイナルについてはこう語った。

「オリンピックチャンピオン、世界王者じゃなくて、チャレンジャーとして臨みたいです。ファイナルは最後、ギリギリでつかんだ。弱くなっている自分は嫌い。弱いということとは強くなる可能性があります。ものすごくきつい状況に立たされているけど、(試練を)乗り越えた先にある景色はいいと信じています」

また、フィギュアスケートの競技上の課題という数々の指摘を前に、「ぶつかってしまったのは僕らの不注意です。僕らが悪い。ルールは関係ありません」と雑音を封じた。

羽生選手をソチ五輪後に取材したある記者がずっとあとになって、こんなことを語っていた。

「もちろん、ソチ五輪で金メダルを獲ったときから、彼はスターだったけれど、あの流血劇からの出場に、芯の強さを見せつけられた。あのときを境に、彼のスター性は一段と高まったのではないだろうか」

羽生結弦の伝説は、このNHK杯から新たなステージへ突入したといえる。

そして、強く出場を望んだGPファイナル。

羽生選手は、中国杯のアクシデントを乗り越えて見事に連覇を達成した。

「自分自身の身体を駆使できる幸せを感じていました。たくさんの人の支えや応援してくださったファンにありがとうと言いたいです」

さらに、「もう、事故による影響もほとんど身体にはないんじゃないかと思っています」

と語った上で、「スケーターの誰しもが経験できるものではない。オリンピックが終わって次のシーズンだったのが、まず幸いでしたが、でも、もういいです、あの事故は」と自ら終止符を打った。

いつまでも悲劇のヒーローではいられない、という思いが込められていた。

12月16日の凱旋帰国となった空港では、たくさんの報道陣やファンが出迎えた。

「オリンピックで勝って帰ってきたときのような感じなので、正直びっくりしています」

中国杯でのアクシデントに屈することなく、ＮＨＫ杯の舞台に立って出場を決めたＧＰファイナルを連覇で終えた羽生選手の注目度は、ソチ五輪のときを超えるほどにまで高まっていた。

五輪王者になると、休養という形で翌シーズンの戦いを回避するケースはこれまでもあった。羽生選手は五輪連覇という目標の初志貫徹に向けて、五輪翌シーズンから本来の競技日程をこなしてきた。

そして、ファイナル王者の防衛を果たしたのだった。五輪王者が五輪翌シーズンのファイナルを制したのは、羽生選手が初めてだった。

「自分の感覚としては、試合のためにどれだけ追い込めるかということをすごく意識してやれました。練習量も増やしました。増やしただけではなく、本番と同様に練習をしたり、自分が本番でやるような緊張感を持って滑りながら課題を見つけて取り組んできました」

そんな羽生選手にとって、逆境を乗り越える原動力は何か。中国杯で見えた本人なりの答えはとても印象深かった。

「逆境というか、自分が弱いというふうに思えるときというのは、自分が強くなろうとしている、自分が強くなりたいという意思があるときだと思うんです。だからこそ、自分はその逆境というか、まず自分が弱いところが見えたときっていうのが好きです」

羽生選手はフリーの演技構成について、「まだ4回転ジャンプを後半に入れることができていない」と、今後は競技と向き合う姿勢を鮮明にしたのだった。

羽生選手は12月7日、二十歳の誕生日を迎えていた。

じつはこのころ、お茶の間では、「羽生選手を理想の息子に」と、あこがれる母親世代が増えているという声が多くなっていた。

こうした背景を踏まえ、帰国時の質問では「ケガを言い訳にすることなく、謙虚で礼儀正しいことがたくさんの人たちの心をつかんでいると思いますが、ご自身ではどう考えていますか？」と問われた。

羽生選手は「自分は全然、謙虚だとは思っていないです。どちらかというと、貪欲で勝ちにこだわる性格です。勝ち気なアスリートというか、ビッグマウスだなと思われるような男だと思います。自分のような子供というか、お子さんになってほしいという思いは、とても嬉しいと同時に、やはり『僕は僕』ですし、それぞれのお子さんの良さというか、人間はやっぱり一人として同じではないですよね。十人十色なので、それぞれの良さがあり、僕にもすごく悪いところがあると思います（笑）。悪いところだけじゃなくて、いいところも見つめていただければ、喜んでもっと成長できるんじゃないかなと思います。ちょっと、二十歳になったから言わせていただきます」と応じた。

そんな新成人の仲間入りを果たすことになる今後について、ファイナル後の一夜明け取材では、「ただひたすら向上心を持ち続けていたい。そういうところは子供でいたいです」と無邪気さを垣間見せていた。

番記者

Column

「書けなかった異変」

「えっ⁉」。思わず絶句したのは、GPファイナルを制し、3連覇がかかる全日本選手権の会場だった。

全日本に出場する羽生選手が体調不良に陥っていると聞かされたからだ。

著者が在籍していた産経新聞社は、全日本選手権翌日に行なわれる『メダリスト・オン・アイス』の主催側に名前を連ねている。

タイトルにあるように大会メダリストが対象となるため、出演者はすべての競技が終わるまで確定しない。

しかし、この年に限っては、羽生選手は優勝しても『メダリスト・オン・アイス』で滑ることは難しいという情報が入ってきた。

連覇した12月中旬のGPファイナルのときから、すでに断続的な腹部の痛みに苦しんでいたという。もちろん、まだ全日本前で、羽生選手は自らの体調について言及していない。

こうした状況で、羽生選手の現状を記事にすることはできない。ただ、それだけではなく、水面下での取材で入ってきたのは、全日本出場すら危ういほどの体調だということだった。

流血した中国杯で直後のフリーを滑りきり、約20日後のNHK杯にも出場した羽生選手の勇敢さは当時、すでにワイドショーなどでも幾度と取り上げられていた。しかし、全日本直前の体調不良はいっさい、触れられていない。

本当に出場は可能なのか。周りの記者にももちろん、口を割るわけにはいかない。長野市で行なわれた全日本はそんな状況で取材をしていた。

氷上の羽生選手は、そんな様子をいっさい見せることがなく、一年を締めくくる大会で、２００５〜07年の高橋大輔さん以来となる３連覇を達成した。

慌ただしく原稿を書き終え、しばらくは羽生選手が翌日の『メダリスト・オン・アイス』を欠場するという情報もすっかり頭から抜け落ちていたほどだった。

しかし、情報は確かだった。羽生選手は腹痛の精密検査を受けるため、大会後はひそかに東京へ向かった。他社の記者たちが欠場を知って驚くプレスルームで、同じように驚いた様子を見せたことが懐かしい。

日本スケート連盟は12月30日、羽生選手が「尿膜管遺残症」と診断され、その日のうちに手術を受けたというプレスリリースを出した。

約2週間の入院と1カ月の安静が必要で、練習は経過を見て再開するという。

言い訳ならいくらでもできたはずだった。苦しい心境を明かせば、ファンからの同情も集まるのは間違いなかっただろう。ライバルたちも動揺したかもしれない。しかし、羽生選手はどんな状況にあっても、真っ向勝負で全日本を戦い抜いた。

そして、大会後に手術しなければならないような状況で、全日本王者のタイトルを死守した。勝負師・羽生結弦の真骨頂を見た思い出深い全日本選手権だった。

◇

羽生さんにとって、あの時が苦しいシーズンだったことを明かした場面が、プロ転向後にあった。

2023年3月30日、大阪・門真市の東和薬品RACTABドームで開幕した世界的なアイスショー『スターズ・オン・アイス』だった。日本ツアーが開幕した30日は報道陣にも公開された。

羽生さんがこのとき、大トリで滑ったのが14－15年シーズンのフリー『オペラ座の怪人』だった。

白と黒の衣装で演じた名プログラムは圧巻だった。4回転－3回転の連続トウループやトリプルアクセルからのコンビネーション、さらにはトリプルアクセルからの3連続ジャンプを跳び、イナバウアーも披露し、スタンディングオベーションでたたえられた。

2年ぶりの出演となった羽生さんは、記者会見で報道陣の取材に応じた。

「この『スターズ・オン・アイス』というアイスショーは、競技アマチュア、プロスケーターとも集まりながら全力でそれぞれのプログラムのテーマを伝えようと頑張っているショーです。一人一人のプログラムにいろいろな思いがこもっているので、そういったものを僕もプロの一員として、そして、スターズのメンバー、ゲストの一員としてお届けできたらいいなと思って、久しぶりに『スターズ・オン・アイス』で滑らせていただきました。ありがとうございます」

こう挨拶したあと、羽生さんは次のように打ち明けた。

「（14年のGPシリーズ）中国杯での衝突の事故とか、自分が病気やケガにすごく苦しんだシーズンのプログラムだったので、長い期間、『これはもう滑らない』って、ある意味、封印してきたプログラムです」

羽生さんが『オペラ座の怪人』の封印を解いたのは、この約1カ月前に開催された東京ドームでの単独公演『GIFT』だった。

再び、『スターズ・オン・アイス』で滑る決断に至った理由について、「自分の中で（東京）ドーム公演であれ以来、初めて滑らせていただいたあとに、このプログラムをもっと完成させたものを、もっと体力のある状態で、しっかりと滑りきれる状態で、みなさまにお届けしたいなと考えて滑ることにしました」と語った。

くしくも、『スターズ・オン・アイス』の会場は、中国杯の直後に満身創痍で出場したNHK杯の会場だった。

「僕自身、（中国杯の）衝突事故のあと、すぐにこの会場で滑っていて、あのときは事故の影響も少なからずあって、うまく滑れなかったので、そういった意味でも『この会場でいい演技ができたらいいな』という意味も込めて滑っています」と、鮮明に記憶された苦い過去との決別を誓う特別な思いが込められた演技でもあった。

③世界歴代最高を連発、絶対王者への階段

2015－16年シーズンは、羽生選手にとってアスリートとしてのキャリアを大きく底上げしたシーズンとなった。五輪イヤーでもあった13－14年はGPファイナル、ソチ五輪、世界選手権の「三冠」を達成し、翌14－15年はケガのアクシデントを乗り越えた強靱な精神力を見せつけた。そんな羽生選手が、フィギュアスケートの競技面における「スコア」で、さらなる存在感を見せつけたのがこのシーズンだった。

◇

ジャンプの構成、磨き上げた表現力が圧倒的な存在感を生み出し、「絶対王者」の称号をつかんでいくシーズンでもあった。

NHK杯の男子は、15年11月27日、28日に長野市のビッグハットを会場に開催された。羽生選手はこのシーズン、初戦のオータム・クラシックで優勝して、GPシリーズ初戦のスケートカナダは2位となって、この大会を迎えていた。

ビッグハットはJR長野駅東口から車で10分程度の場所に位置し、1998年長野五輪

のアイスホッケーのメイン会場としても知られる。施設の壁面には五輪マークがあしらわれている。

自身のGP2戦目となるNHK杯では、羽生選手にとっては、3連覇がかかるGPファイナル進出を懸けた大会でもあった。一般的に、スケーターはオフにジャンプ構成のレベルアップを図るための調整を行なう。成功率が高まったジャンプ、安定したジャンプ、得点源となるジャンプなどをコーチらと練って構成を固める。

フィギュアスケートのシーズンは、チャレンジャーシリーズと呼ばれる小規模な国際大会やGPシリーズを経て、ナショナルと呼ばれる国内選手権（日本の場合は全日本選手権）までがシーズン前半戦、欧州選手権や四大陸選手権、五輪、世界選手権がシーズン後半戦と区切りがある。シーズン前半の調子を踏まえ、後半戦からジャンプ構成を変更することはあっても、前半戦の大会日程の間隔が短いGPシリーズでジャンプ構成を変えることはなかなかない。しかも、難易度をアップするとなれば、なおさらだ。

しかし、NHK杯を控えて長野入りした筆者は、またも驚くような情報を耳にしていた。羽生選手がショートで4回転ジャンプを2本組み込むことになるという内容だった。

このシーズンのオータム・クラシックとスケートカナダまでは、冒頭にトリプルアクセル、演技後半に4回転トウループ、最後に3回転ルッツと3回転トウループの連続ジャンプの順番だった。

2本組み込むことになれば、演技冒頭で4回転サルコウ、続いて4回転－3回転の連続トウループ、演技後半に得意とするトリプルアクセルを組み込む構成が予定されることになる。ショートでは当然、自身にとっても最高難度のジャンプ構成となる。

15年11月26日の産経新聞朝刊で「独自ダネ」として、「羽生、SP（ショート）で4回転2本　自身最高難度」の見出しで記事を書いた。

本書の「はじめに」でも触れたが、フィギュアスケートという競技におけるショートのジャンプ構成の変更が、そのままストレートニュースになるというのは、羽生選手の存在がいかに特別かがわかってもらえるだろう。羽生選手への注目度の高さがうかがえるエピソードといえる。

羽生選手は26日の公式練習では、実際に2シーズン目を迎えたショートのピアノ曲『バラード第1番』で4回転サルコウとトウループを組み込んだ演技を披露。2本ともきれいに降りてみせた。

そのあとに開催された大会前日の記者会見では、本人の口からショートでの4回転2本投入が明言された。

「スケートカナダでは、実際に試合でやってみての感覚として、『まだ挑戦できるな』という感覚があり、また、（スケートカナダの）エキシビ（ション）の練習の際に、自分の中でイーグルからのサルコウだとか、イーグルからの4回転トウループの練習をしてみて、感覚も良かったので、さらに難しい構成になると思いますが、挑戦という形でやらせてもらおうと思いました」

シーズンの前半と後半など、ある程度の時間的な余裕がある中で調整をしたのではなく、スケートカナダのエキシビション前に決めて、練習で自分のイメージを確認した羽生選手は、練習拠点のトロントに戻ると、まもなく高難度の構成でプログラムを滑り始めたという。

決断を聞いたオーサー・コーチもショートでの4回転2本はもう少し先の戦略だと考えていたようで、「もう、跳ぶのか」と驚いたという。ただ、羽生選手は「このプログラム自体が2年目のシーズンになるので、自信を持ってやっていけるかなということで入れることになった」と、迷いはなかった。

迎えたＮＨＫ杯は、予想以上の結果がもたらされた。

ショートは2種類の4回転を含めてノーミスで滑りきる圧巻の演技で、ソチ五輪で自身が記録した101・45点の世界歴代最高得点を更新する106・33点。これまでのスコアを大幅に更新した。

さらに驚くべきは、ショートだけの快挙では終わらなかったことだった。

フリーでも史上初の200点超えをマークし、合計得点は史上初めて300点を超えた。もちろん、いずれも世界歴代最高得点の快挙である。

優勝を決めた直後の場内インタビューでは、羽生選手も興奮を隠せず、声が上ずっているようだった。

「本当に嬉しいです。いまだに信じられない気持ちです。スケートカナダからここまで、ほんとに血のにじむような努力を、ほんとにつらい努力をしてきたので、まず、納得いくように練習をさせてくれた周りのみなさんに感謝の気持ちを述べたいと思っています」

フリー直前には、重圧があったことも隠さなかった。

「フリーを滑る前はすごく緊張していて、いつもだったらブライアン（・オーサー・コーチ）と滑る前に話すことができるんですけど、今日は話すことすらできなくて」

このあと、いつもは理路整然と話す羽生選手が、珍しく言い間違えをしてしまう。

「本当に緊張しました。名古屋のオリンピックがあったリンクということで……」。インタビュアーから「長野ですね」と修正されると、「長野ですね、すみません、名古屋と言いましたね。興奮しています」と苦笑いを浮かべるほどだった。

しかし、会場が五輪のリンクだったことは羽生選手のモチベーションに影響を与えていたのは間違いないようで、「長野のオリンピックがあったリンクで滑ることになって、五輪のマークもあるし、自分自身にプレッシャーをかけて、『絶対王者になるんだぞ』と、言い聞かせながらやっていました」と振り返った。

高得点を狙いにいく姿勢もあったという。

「僕自身、試合に入る前に300点取りたいとか、フリーで200点超えたいとか、そういう気持ちも少なからずありました。ただ、そこにきちんと気づくことができ、また、それによって自分がプレッシャーを感じているということを気づくことができたのも、たくさんの経験があったからこそだと思うので、いままでやってきたことが無駄じゃなかったんだなと思いました」

ショートとフリーで2種類の4回転を計5本決め、フィギュア史に刻むハイスコアを獲得した羽生選手の原動力は何なのか。

「また次のオリンピックで連覇するためには、もっと成長しなくてはいけない、もっと強いところを見せなくてはいけないという思いも常にありました」

五輪連覇という自分との戦いがあり、そのためにはできる限りのレベルアップをしていくという気持ちが練習につながり、成果として表われたのだった。

もちろん、ここで満足する選手ではない。

「この点数がまた壁になると思います。この試合は、オリンピックでもないし、引退試合でもありません。(記録をさらに)超えるために日々、努力をしていきたいです。そして、みなさんの心に残る演技をできるようにさらに頑張っていきますので、応援よろしくお願いします」

◇

絶対王者への階段を上がるスピードはさらに加速化した。12月10日、GPシリーズ上位6選手で争うGPファイナルが、スペイン・バルセロナで開催され、羽生選手はまたも快挙を成し遂げた。

NHK杯で臨んだ2種類の4回転を入れたショートをほぼ完璧に演じ、自身の世界歴代最高得点を大幅に更新する110・95点をマークした。しかも、芸術性などを評価する5

項目の演技構成点では、「演技力」の項目に10点満点がつくほど完璧といえる内容だった。そして、12日のフリーも219・48点と圧倒し、ショートとの合計でも330・43点と世界歴代最高得点を塗り替えた。

約2週間前のNHK杯まで、フィギュアスケートの世界で異次元のスコアを意味していた300点を「日常の光景」へと変えてしまった。わずか2週間。羽生選手は絶対王者にふさわしい「格の違い」を見せつけたのだった。

文句なしのGPファイナル3連覇にも、「僕が争いのレベルを引き上げている感覚はありません。僕は僕の道を進んでいるというだけです」と平然と答えた。

羽生選手にとって、フィギュアスケートは勝負の世界だった。誰かの背中を追いかけて、大好きなスケートに熱中してきた。それは、ソチ五輪のときにもあてはまったはずだ。しかし、このシーズンは、向き合う対象が完全に「自分自身」となっていた。

それは、コメントの端々から読み取れるようになってきた。「孤高」という枕詞に違和感がなくなり、世間は「絶対王者」という称号を素直に受け入れる土壌が形成されていった。ジャッジの評価もそれを物語る。10点満点の演技構成点で9点台後半が当然のように並んだ。

◇

帰国時の羽田空港は、報道陣と約300人のファンが出迎えていた。空港内の到着ロビーと壁を隔てた一室で、所属先のANAの女性職員が花束を持って待機していた。

室内は広くはなく、報道陣でごった返す状況になっていた。

それもそのはずで、このころの羽生選手はアスリートという枠を超えた存在になりつつあった。そんな日本国内での熱狂ぶりについて羽生選手は、「実際、（GPファイナルの期間は）日本にいたわけではなく、飛行機で帰ってくるときに、（機内で目にした）スポーツ紙がだいたい（自分が）1面で出ていたので、正直びっくりしているのが本音です。僕の中では前回の大会（NHK杯）で300点超えを達成感とともに得ているので、今回は安堵感のほうが強かったです」と感想を漏らした。

得点という物差しに注目が集まっていく中、羽生選手が追いかけるのはほかの選手との差でも、当然のように期待されるようになった世界歴代最高得点の更新でもなかった。

「僕自身、点数は関係なく、自分自身のスケートをどれだけ向上させられるか、磨いていけるか、が大切だと思っています。スケートって、会場でも見え方が違いますし、見ている方々の背景によっても違って見えることがあると思います。僕は、どんな方が見ても素晴らしいと思ってもらえる演技がしたいと思っています。期待していただけることは大いに嬉しいことですが、その中でも結局、滑るのは僕自身なんですね。みなさんの期待に応えられるか、応援の力を受け止めきれるかも、僕自身の練習や、緊張感のコントロールが大切になってきます。なので、まずは、僕自身がみなさんの力を受け止めきれるように、また力を発揮できる状態をつくりたいと思っています」

他者との比較よりも、自らが極限を超えて前人未踏の得点を獲得していくプロセスにおいて、羽生選手は「プレッシャー」を受け止めていた。

「ノーミスしなくてはいけないというプレッシャーはいま、確実にかかっています。次の全日本に向けて緊張感も高まってくると思っています。それはNHK杯をやって、GPファイナルの期間は（世界歴代最高得点を塗り替えるという）初めての経験だったからこそ、感じるプレッシャーがあったと思います。次は3度目だけれども、3度目だからこその緊張感があって、もしも3度目ができたとしても、次には4度目のプレッシャーがあると思います。プレッシャーは同じということはありませんが、これまでに経験してきたことは無駄ではなく、その時々に合わせた自分のコントロールの仕方や高め方を見つけていければいいなと、このGPファイナルで思いました。NHK杯ももちろん大事な舞台でしたが、ファイナルはGPシリーズの集大成の舞台ですし、ほかの選手が素晴らしい演技をしている中で、自分が最後だからこその怖さというか、『なんだ、羽生、こんなんで優勝するのか』という感じでは絶対に思われたくなかったので、大トリだからこその怖さは感じていたのではないかと思います。これまでは、そういうプレッシャーって、なかったですね。とにかく初めての経験だらけでした。そして、プレッシャーは払拭できないです。どれだけ払拭していっても、新しいプレッシャーが降りかかってくると思います。緊張感は間違いなくあります。慣れても、緊張はするものですしね。だからこそ、緊張しているときに何ができるのかを把握していければいいと今回の試合で強く思いました」

たくさんの言葉を紡ぐ羽生選手だが、実際の取材やインタビューの時間はじつは決して長くはない。それは、彼が自らを主観的に話したり、また客観的にどう見られているかを想定して話すことができるからだ。

記者たちが書き起こす文字量はとても多くなるが、読者に伝えるプロセスで削る部分が少ないのも特徴だ。それは、羽生選手の注目度がどれだけ高まっても変わることがない。質問に真摯に答えているからともいえる。

スポーツ報道の現場で取材を重ねてきた経験から言えば、成績とともに態度が変わるアスリートは少なからずいる。

しかし、羽生選手は常に、報道陣に対しても、ファンに対しても変わらない姿勢で接している。

報道陣がそんな羽生選手に感謝の思いを抱き、ファンは羽生選手を「神」と呼ぶようになっていた。しかし、羽生選手は「神」と呼ばれることについて、こんな言葉で返している。

「全然、神じゃないですよ（笑）。ファンのみなさんから、そう言ってもらえるのはありがたいことですが、僕からしてみたら、応援してくださる方々のほうが神様です」

羽生選手は、大きな飛躍を遂げた一年を「漢字一文字」でどのように表わすかを問われ、「成」の字を挙げた。

「今年はすごく成長した年だったので、『成長』という言葉を挙げたいです。たとえば、「成」という言葉を使ったときに、将棋から考えてみて、〝裏〟になることを『成る』といいますよね。僕は、将棋もやりますが、ここまで来るのに、歩兵のように一歩一歩進んできたと思うので、『やっとここまでこれた』という思いと、ここからまた動き始めるところなので、そういう意味でも、ここからさらに強くなっていかなければいけないなと思います」

④史上初の4回転ループ成功に見え隠れした連覇の戦略

ショート、フリー、合計得点で世界歴代最高得点を連発し、「絶対王者」と呼ばれるようになった羽生選手は現状に満足することなく、次なる一手を考えていた。

それが平昌五輪プレシーズンとなる2016－17年シーズンから投入した自身3種類目となる4回転ループだ。

15－16年シーズンに世界歴代最高得点を2度ずつ更新していく中で、得点という枠組みにおいては、一つの「壁」が生じ始めていた。

フィギュアスケートの得点（当時のルール）はジャンプやスピン、ステップなどの技の基礎点とそれぞれの出来栄えを評価するGOEによる「技術点」、そして表現力などを示す5項目を各10点満点で評価する「演技構成点」の合計点で得点が決まる。

競技の特性上、表現力が求められることは必須だが、「技術点」ではジャンプの得点が大きなウエートを占めることになる。

羽生選手のショートの構成は「4回転サルコウ、4回転－3回転のコンビネーション、

（基礎点が1・1倍になる演技後半に）トリプルアクセル」、フリーの構成は「4回転サルコウ、4回転トウループ、3回転フリップ、（演技後半の）4回転－3回転の連続トウループ、トリプルアクセル－2回転トウループ、トリプルアクセル－1回転ループ－3回転サルコウ、3回転ループ、3回転ルッツ」の構成となっていた。

フリーは得点源のコンビネーションもすべて基礎点が1・1倍になる演技後半に組み込んでいた。

すべてのジャンプをお手本のように跳び、トリプルアクセルの高さと幅は、会場で観戦した人なら一目瞭然だが、他を圧倒するクオリティを誇る。

つまり、現状のジャンプ構成では、すでに高評価を得ているGOEをさらに上積みすることは難しく、構成の上限に近い状態まで迫っていた。

自らの限界を超えていくためには、手をつけるならジャンプの種類を増やすしかない。それが、3種類目の4回転ジャンプだった。羽生選手が視界にとらえたのが、まだ誰も国際スケート連盟（ISU）から成功の認定を受けていない4回転ループだった。

あるフィギュア関係者は、筆者の取材にこう解説した。

「トウループ、フリップ、ルッツはトウ（つま先）を突くことで勢いを持って跳ぶことができますが、エッジジャンプのサルコウとループはそれができない。中でも4回転ループは、トウが起点にならないため、踏み切りのタイミングや助走スピードがうまくかみ合わないと、きれいに跳べないので、ごまかしが利かない。羽生選手はお手本のようなエッジワークで跳んでいる。それは、羽生選手が幼少期から基本を大事に一つ一つのジャンプを積み重ねてきたからでしょう。ノービスやジュニアのころは、体の線も細くてジャンプのときに体の軸が安定していなかったが、成長して体幹がしっかりしたことで、飛躍を遂げたといえます」

◇

2015−16年シーズンは、16年3~4月にアメリカ・ボストンで開催された世界選手権で、ショートは自身の世界歴代最高得点に0・39点と迫る110・56点でトップに立つも、フリーは最終グループで、当時は苦手意識が払拭できていなかった2番滑走の悪い印象のままで滑り、ハビエル・フェルナンデス選手に敗れて2位となった。

実際には、左足甲を痛めていたことも後に明らかとなり、このことも影響していた可能性は否定できない。

日本スケート連盟は16年4月26日、羽生選手が痛めていた左足甲は「リスフラン関節靱帯損傷」で、約2カ月の安静、加療の見込みだと発表した。練習拠点のトロントに戻って治療に専念し、連覇がかかる平昌五輪のプレシーズンとなる次のシーズンへ備えることになった。

◇

羽生選手はトロントに拠点を移してからも、メディアの取材要請にできる限り応じてくれていた。その最たるものが毎夏に行なわれるクリケット・クラブでの公開練習である。

メディアと一括りに言っても、媒体は多岐に渡る。テレビ局、ラジオ局、一般ニュースを扱う新聞の一般紙、スポーツや芸能ニュースが大部分を占めるスポーツ紙、女性誌やファッション誌、スポーツも掲載する一般誌、スポーツ専門誌、フィギュアスケート専門誌などがある。

たとえば、テレビ局なら番組で放送するときに、羽生選手が滑っている映像が必要になる。つまり、インタビューだけでなく、練習風景も公開してほしいという要望につながる。

同じテレビ局でも、GPシリーズや国別対抗戦などを放映するテレビ朝日、NHK杯を中継するNHK、全日本選手権や世界選手権などを放映するフジテレビ（それぞれライツホルダーと呼ばれる）は、放映権を持っていないほかのテレビ局（ノンライツ）に比べて、番組制作や宣伝につながるようなよりたくさんの映像やインタビューを収録したいのが本音だ。

一方、「ペン」と呼ばれる新聞や雑誌は、練習風景の写真を撮影する必要があるが、それ以上に羽生選手の肉声をできる限り取材したい。同じペンでも、新聞は翌日に記事を出すことができるが、雑誌は発売までに時間がかかる。できれば、新聞やほかの雑誌とは異なるオリジナルのインタビューの掲載を望んでいる。

それぞれの媒体にとっては、「なんとか少しだけでも時間をもらえたら」となるが、羽生選手を取材するメディアは30社近くある。仮に1社5分となれば、休憩時間を挟まなくても150分＝2時間半、10分になれば5時間を要する。

そこで、羽生選手は公開日の午前にまずは新たなシーズンで滑るショートかフリーをテレビカメラ、紙媒体のカメラマンも撮影できる中で披露する。さらに、コンディション次第では、もう一つのプログラムもすべてまたは一部を曲をかけて見せてくれる。

その後、ほぼすべてのメディアが知りたいであろう、▽シーズンの新プログラム▽プログラムを選んだ狙い▽プログラムのジャンプ構成▽羽生選手がこだわった表現や衣装▽オフの過ごし方▽平昌五輪プレシーズンの抱負——などをテレビとペンに分けて時間を取って全体取材に応じる。さらに、放映権を持つテレビ局や個別インタビューを希望する媒体の取材に翌日も含めて対応する。

２０１６年の公開練習はとくに印象に残っている。この年は、例年より遅く、シーズン開幕直前の９月に実施された。

筆者を含め、ほとんどのフィギュアスケートの担当記者は、ほかのスポーツ競技の担当も兼ねる。この年はブラジル・リオデジャネイロで8月にオリンピックが開催されていた。公開日が9月に設定されたのは、こうしたメディアへの配慮からだろう。筆者にとっては、14年から3年続けての公開練習の取材だった。

◇

羽生選手はこのとき、新たなプログラムとして、ショートで『レッツ・ゴー・クレイジー』、フリーで『ホープ&レガシー』を演じることを明言。

さらに、このときの会見で、4回転ループをこのシーズンから投入することを表明したのだった。

じつは前年シーズンでショート、フリー、合計で世界歴代最高得点を塗り替えたGPファイナルのエキシビションで4回転ループに挑んでいた。

「今回、ほぼパーフェクトな演技ということで、4回転サルコウ、トウループでも加点をかなりもらっていますが、4回転ループをそこまで加点をもらえるクオリティで跳べるかというと、まだそこまで行っていないと思うので、ループとサルコウ、トウループとの点数差などをよく考慮した上で何が最善なのか、最高の調整なのかを考えてやりたいと思っています。いまの時点で、じゃあこのプログラムが挑戦ではないのかというとそうではないと思っていますし、いまの実力、経験上から計算された最大の難しいプログラムだと思っているので、とにかくこの最大の難易度のプログラムを、またしっかりこなせられるように頑張っていきたいです」

羽生選手にとって、「挑戦」は、裏打ちされた練習での確率と確かな自信があってこそ使えるワードだということが、次の言葉で明かされていた。

「試すという言葉を使わせてもらうと、やはり何か、その試合を抜いているじゃないけど、そういう感情が湧いてしまうので、それはいやだなと。『絶対に跳ぶぞ、跳べるぞ』という気持ちがしっかり芽生えてからでないと、僕は挑戦することはしたくないです」

世界選手権後、左足甲の負傷もあってトロントへ直行した羽生選手はオフに、プログラムに投入できる状態にまで4回転ループを仕上げてきたことになる。

◇

そして、スケート関係者が「お手本」と口をそろえる4回転ループを、シーズン初戦となるオータム・クラシックのショートでいきなり成功させた。

これがＩＳＵ公認大会で史上初の成功となる4回転ループだった。羽生選手はショートに続き、フリーでも成功させ、「3種類目のジャンプ」を自分のモノにできたことを証明してみせた。

男子のフィギュアスケートはこのころ、「多種類の4回転時代」へと本格突入しようとしていた。たとえば、中国のボーヤン・ジン選手が4回転ルッツを跳び、羽生選手は「時代を切り開いたのは彼だ」とたたえている。

このシーズンからシニアに上がってきたアメリカのネイサン・チェン選手も荒削りな表現力を4回転ジャンプでカバーする。さらには、宇野昌磨選手も4回転フリップの史上初めての成功者となっていた。

一方、15年、16年の世界選手権を連覇したハビエル・フェルナンデス選手は、16年10月のジャパンオープン後の記者会見で、「新しい4回転はいまの目標になく、予定にもない。新しい4回転を跳ぶごとに時間を割くのなら、ほかの要素、スケーティングを高めるとか、GOEの得点を上げるとか、スピードなど、さまざまなところでまだまだ改善点がある。むしろ、そちらに時間を費やしたい」と持論を語った。

4回転の種類と本数の議論は結果的には、平昌五輪で本来なら多種類の4回転ジャンプを持つ羽生選手がケガの影響から2種類の4回転を駆使して金メダルを獲得したことで、議論そのものが収束していくことになるのであるが、平昌五輪へのプロセスにおいては、スケーターの判断も分かれるような状況だった。

羽生選手はこのとき、クオリティにこだわりつつも、種類を増やすという方向へ舵を切ることになった。師事するオーサー・コーチですら、フィギュアスケートはジャンプだけでなく、プログラムの出来栄えを加味した「トータルパッケージ」で勝敗が決まると慎重だった中での決断だった。

じつは、羽生選手が五輪プレシーズンに「3種類目の4回転ジャンプ」を習得したという事実は、選手のジャンプ構成を取材する立場からはとても重要な意味を持つと考えさせられた出来事だった。

◇

16年11月のNHK杯には、ショートの衣装を変えて臨んだ。スケートカナダのときよりも、氷上での見栄えを考慮したためだった。この大会でショート、フリーを合わせた合計得点でシーズン最高得点となる３０１・47点をマークして優勝。さらにＧＰファイナルでは、２位に10点以上の大差をつけて、男女を通じて史上初となる４連覇を成し遂げた。

翌シーズンを見据え、平昌五輪会場で開催された四大陸選手権を挟み、「世界王者」の称号を奪還するための舞台へと立った。

フィギュア史に残るほど強烈な印象を残した大会。

それこそが、17年３〜４月に北欧のフィンランド・ヘルシンキで開かれた世界選手権だった。

番記者 Column

「4回転ジャンプの尽きない議論と絶対王者像」

「次の平昌五輪に向け、いくつのジャンプ、どのような種類のジャンプが必要になると考えているか」

羽生選手の歴代最高得点に話題が集中した2015年NHK杯だったが、フリー後の記者会見で、「多種類の4回転時代」をトップスケーターたちがどうとらえているかについての質問があった。

羽生選手は「僕はボーヤン（・ジン）選手のように、まだ（4回転）ルッツも安定していないです。彼のようなクオリティで、ループもルッツも跳ぶことはできません。そして、アクセルも本当に数回、自分の人生の中で数回ですけれども、チャレンジしてみて、まだ着氷することも、回転することもちゃんとできていません」と答えていた。

じつは、羽生選手が15－16年シーズンのNHK杯以前の段階で、すでに4回転アクセルの習得に着手していることが明かされていたが、私も含めて、ほぼすべての記者はいかに重要なワードかを認識できていなかった。

羽生選手は平昌五輪を見据えたとき、「じゃあ、将来的にどれくらい必要なのかと言われたら、僕もそれはわかりません」と、この時点の素直な見解を話している。

その上で、過去の五輪における4回転ジャ

ンプの評価の変遷について、冷静に語った。

「オリンピックの記憶がすべて定かではないですが、時代というのはオリンピックごとに変わっていく気がしていて、とくに僕の印象の中でいちばん大きく残っているオリンピックは（02年の）ソルトレークシティなんですけど、ソルトレークシティオリンピックでは多くの選手たちが4回転をきれいに、ほんとうにクオリティの高い4回転を跳んでいましたし、逆に（10年の）バンクーバー五輪では4回転を跳ばないエヴァン・ライサチェク選手（アメリカ）が優勝しました。

ソルトレークシティオリンピックも、その後の（06年の）トリノオリンピックも、バンクーバーオリンピックも、何が間違いで何が正解かと言われたら、僕はすべてが正解だと思っています。

もちろん、バンクーバーのときは、いろんな方々が4回転を跳ばなくてもいいのかと、世界のフィギュア界で議論がありましたけれども、実際にそういう議論があって、正解もしっかり出たわけでもない中で、僕たちはソチオリンピックでほぼ半数の選手たちが4回転に挑んで、戦ってきました。

ただ、4回転に挑めばいいかと言われたら、それだけではなくて、やはりきれいに降りなきゃいけない。きれいに降りることで点数がもらえるわけですよね。

トリプルアクセルの基礎点と、4回転の基礎点って、2点くらいしか違いません。これはトリプルアクセルをきれいに跳んでGOEを2、3点取った場合、ベースバリュー（基礎点）を考えたとしても4回転以上の点数がもらえることになります。

ということは、はっきり言ってしまうと、バンクーバーオリンピックのように、すべてのジャンプをGOEでプラス3をもらえれば、4回転を跳ばなくても勝てるというルールだと思います」

この質問は事前に通告されているものではない。その場で瞬時にここまで記憶を明快に呼び起こし、明晰な頭脳で言葉に変換したことから、羽生選手がフィギュアスケートを氷上のトレーニングだけでとらえていないことは明らかだった。

羽生選手はその上で、「4回転を跳んで、さらに難しい入り方、難しい降り方をして、それにプラスしてトリプルアクセルという4回転にいちばん近い3回転ジャンプを、4回転のような点数がもらえるようなクオリティで跳ぶというのが、僕のいちばんの武器だと思っています。

これから先もきっといろんな選手が出てくると思います。今回、感じたのは、ボーヤン選手はまだジュニアから上がってきて間もないですけど、素晴らしい演技をしました。これはスケート界の将来を見ている気もします。ただ、これだけが正解ではなく、僕自身もすべてを出しきって、もっと質の高い4回転を目指してこれから頑張っていければと思っています」と、まだ見ぬ平昌五輪での戦いを見据えた。

羽生選手が4回転ジャンプをどうとらえているかを答えたNHK杯フリー後の会見は大

いに注目を集めた。

そのことを物語るように、一夜明けた報道陣の取材でも、「昨日の記者会見で、『４回転についていては、もっと違う未来になる』というお話をされていましたが、羽生選手が考える最強のプログラムは？」という質問が出た。

羽生選手は過去の歴史や数字を正確に記憶していたが、未知の可能性については断言しなかった。

「わからないですね。わからないから楽しいんだと思います、このスポーツは。僕は『４回転４つで充分か？』と言われたら、『そうでない』と思いますし、それはどうなるかわからないです。今シーズンも、ループをやりたいと思ってやってきましたが、まだできていないので、ほんとに日々の成長を楽しみながら、自分の限界に挑戦していきたいと思います」

この時点で、五輪プレシーズン、さらに五輪シーズンに「複数の４回転時代」から「多種類の４回転時代」へ男子フィギュアがさらにレベルアップする未来を羽生選手もまだ知る由もないのだが、すでに頭の中で予想しているようなコメントをしていた。

◇

４回転をめぐる議論は、その後も平昌五輪まで、男子フィギュア界の話題の中心となっていた。

羽生選手は、２０１７年３〜４月の世界選手権で大逆転優勝を飾ったフリー直後の記者会見の際に、「科学的なことで言うと、人間は５回転まで跳べるらしいんですけど」と切り出し、「まだ5回転の点数（基礎点）もないですが、自分は将来、4回転アクセルをやりたいなとは思っています。それを試合に入れるか入れないかはわからないですけど、4回転の種類に関して言えば、やっぱりここまで引き上げてきたのは彼（ボーヤン・ジン選手）なので、間違いなく」と隣に座るジン選手に敬意を表するように手を向けた。

「やっぱり、彼が4回転ルッツを跳び、4回転ルッツとともにプログラムをすべてクリーンにやってくるようになったからこそ、みんなが『人間って、（4回転）ルッツ跳べるんだ』って思うようになってきたと思うんです。もちろん目指す先っていうのがやっぱり330とか、僕の点数（世界歴代最高得点）であったかもしれないけど、間違いなく彼がいまの多種類4回転っていうのをつくり出したんじゃないかなと思っています」

一方で、羽生選手は絶えず、4回転だけに傾倒することがフィギュアの未来ではないと警鐘も鳴らしてきた。

「今回の試合でも、ショートプログラムではジェイソン・ブラウン選手（アメリカ）が4回転なしで、あの点数（93・10点）を出せるっていうことを証明してくれました。つまり、やっぱり4回転だけがすべてじゃなく、フィギュアスケートの楽しさ、面白さを伝えてくれたと思います。

そういう意味でも、ケガのリスクも考えながら、どうやって自分のベストなパフォーマンスを出すかっていうことをあらためて考えていきたいと思っています」

　自身の平昌五輪への歩みについては、こうした背景を理論立てて、一夜明け取材でこう語った。

「僕にとってプログラムは一つです。４回転が４本入っていても、４回転が３本入っていた前のシーズンにしても、やっぱり一つのプログラムです。今回は４回転４本でしたけど、すべてのジャンプがきれいに決まって、プログラムの流れとして１回も切れることがなかったから、こうやって評価していただいたのだと思います。僕自身もずっと集中しながら演技に入り込むことができました。だからこそ、その４回転と演技のバランスについて、みんな考えなきゃいけないことなんじゃないかなというふうにも感じました」

　あらためて、「ジャンプ」だけでも、「表現力」だけでもない、それらを「両立」した上でプログラムとしての完成度で勝負するという自身のスタイルを強調した。

　多種類の４回転時代をめぐる議論は、主要な国際大会後の会見で多くの記者が質問をしてきたが、羽生選手は、ときに、高難度の４回転ジャンプを習得していった若いスケーターをたたえ、同時に表現力で魅せるスケーターの重要性も説いた。

　そして、この手の質問から逃げることなく、この時代の「絶対王者」として真っ向から意見をぶつけていった。

　どちらかに振れてしまうことなく、あくまで貪欲に、４回転も表現も――。

　これは、アスリートとしての羽生選手の矜持とも思えた。

⑤大差をはね返す大逆転劇で世界王者に返り咲き

フィンランドの首都・ヘルシンキは、暦が春を告げようとしているにもかかわらず、冷気が漂っていた。市街地の巨大ターミナル、ヘルシンキ中央駅から電車でやや北上すると、2017年の世界選手権の開催会場である多目的ホール「ハートウォール・アリーナ」の最寄り駅、パシラに到着する。

ムーミンの生みの親、トーベ・ヤンソンが生まれた街では、会場内にもムーミングッズが売られるほどに人気を集めていた。

「コンディションはすごく良くて、感覚も非常にいいです。一つ一つしっかり確認しながら本番に向けて追い込むとともに、（体調の）回復も優先させていこうと思っています」

17年3月28日、羽生選手は現地での公式練習後、こんなふうに語っていた。

平昌五輪前の最後の世界選手権は、日本男子の五輪出場枠がかかり、さらには翌年の五輪に誰が「世界王者」のタイトルを持って臨むかも決まる大一番だった。しかし、羽生選手に気負いはまったくと言っていいほど感じられなかった。

「自分のスケートに集中しながら日々練習をこなすことができているので、プレッシャーはなく、自信を持って、落ち着いて、本番へ向けて調整できているのではないかと思います。もちろん、オリンピックの枠、来年の世界選手権の枠がかかっているので、違ったプレッシャーもあるかもしれませんが、本当にのびのびと試合に向けてやらせていただいています」

羽生選手がここまで言える根拠となっているのが、このシーズンから投入した4回転ループの精度が高まっていることだった。

ジャンプの状態を聞かれた羽生選手は、「とくにループが安定してきていて、試合や曲がかかった段階でのジャンプの一つ一つがすごく自信を持ってやれるようになってきています」と言いきった。

シーズン初戦となった16年10月のオータム・クラシックで成功させてから約半年。重圧のない練習のリンクで跳ぶことと、音楽がかかった状態で流れに乗って跳ぶ、それを試合という緊張感の中で跳ぶことでは次元が違う。

羽生選手は前年シーズンでも試合で跳べる自信がついてからと話していたが、いよいよ試合で「安定」して跳べる手応えをつかめている様子だった。

大会に向けていちばん大事にしたいことを聞かれた羽生選手は、こう言った。

「自分ができる限界値を、とにかく最大限に持ってきた状態で試合に挑むことが、いちばん大事かなと思います」

◇

3月30日のショート本番。羽生選手は冒頭で4回転ループを鮮やかに跳んだ。

「自分の中ではすごく気持ちよく跳べましたし、たぶん、いままで試合で跳んだ中では、いちばんきれいに跳べたループだったたと思います」

好調な幕開けだったにもかかわらず、続く4回転サルコウで事態が暗転してしまった。着氷で大きくバランスを崩し、なんとかこらえて2回転トウループを後ろにつけたが、単発扱いになった。演技後半のトリプルアクセルは決めたものの、コンビネーションがない構成になり、得点を積み上げることができなかった。

演技を終えた羽生選手は直後から「サルコウ、どうやったら跳べるかなって考えていました」と振り返る。

報道陣の取材に応じるミックスゾーンで演技の感想を聞かれた羽生選手は、「うーん、いや、非常に悔しいです。すいません、なんか、えー、悔しいです、はい」と矢継ぎ早に言葉を吐きつつ、「悔しい」という感情を隠さなかった。

4回転サルコウの映像を確認した羽生選手は、「跳んだ感覚も悪くなかったですし、ブライアンも『そんなに悪くなかったよ』とは言っていたので。でも、ミスはミスなので、やっぱりそこ（サルコウ）のミスは痛いなって思います。ショートはノーミスしてなんぼだと思っているので、ほんとにふがいないです」と唇をかみしめた。

調整から決して悪くなかった4回転サルコウにミスが出て、ショート首位のフェルナンデス選手とは10・66点差がついた。

集中力が切れてしまってもおかしくない状況で、羽生選手は必死に頭の中を整理していた。そして、「悔しい気持ちを持ちながら、次（フリー）のあと2回（前半の単発と後半の3回転トウループとの連続ジャンプ）あるサルコウに向けて、しっかり修正したいと思っています」と雪辱を誓った。

3年ぶりの世界王者返り咲きへ、追い込まれた状況になった時点でも、「もちろん、金メダルが獲りたいので、しっかり修正してきます」と頂点をあきらめない姿勢を示した。

報道陣の前では、悔しさをにじませつつも前を向いた羽生選手だったが、こう明かしている。

「（ショート後は）追い込まれたというよりも、自信喪失のほうが近かったですね。何か（ミスの）原因がすぐに見つかって、『次はこうしたい』ってすぐにわかれば、そこまで落ち込まなかったのかもしれないんですけど、5位という結果も含めて、自分がどうしてあのいい感覚の中でミスをしてしまったかが、最後までわからない状態での終わり方でした」

その状況で10・66点差は、フィギュアスケートの男子においては逆転可能な範囲に収まっているのかさえ、見えない状況だった。

しかし、羽生選手が大会前に語っていた「自分ができる限界値をとにかく最大限に持ってきた状態で試合に挑む」という気迫が、サプライズを起こすことになった。

フリーの羽生選手は、『ホープ＆レガシー』で力強く、次々とジャンプを決めた。4回転はループ、サルコウ2本、そしてトウループ。情感たっぷりに滑り終えると、誇らしげな表情を浮かべた。

「最高のご褒美」と自賛した演技。得点アナウンスを待つときはドキドキだったという。

「緊張していました。自分がいちばんとらわれているものは過去の自分で、やっぱあの220（点）、330（点）、110（点）っていう、あの数字（世界歴代最高得点）にすごくとらわれて、すごく怖くてここまでやってきたので、そういった意味ではほんとになんとか1点でも0・5点でも0・1点でも超えてくれ、って思っていました」

フリーの得点は223・20点。15年GPファイナルでたたき出した自らのフリーの世界歴代最高得点（219・48点）を3・72点も一気に更新する会心の演技となった。大逆転で3年ぶり2度目の世界王者へと返り咲いた。

「疲れました。自分にとっては、このフリーが最高のご褒美だと思っています。試合での演技、経験はもちろんですけど、やっぱり自分の限界を高められる練習を毎日してきたことがいちばんの収穫だと思っています」

ショートの悔しさをぶつけるという思いを持ちつつ、オーサー・コーチからは「抑えていこう」と冷静に演技に挑むアドバイスを受けた。羽生選手も公式練習などでは気負うことなく、気持ちをコントロールしながら調整を重ねてきた。

「滑っていく中で、「やっぱり世界選手権のフリーって楽しいな、って思いました」と気持ちにも余裕が出てきた。驚くべきは「（3回転）アクセル－（2回転）トウ（ループ）が終わったときに、感覚が良ければ、5個目（の4回転ジャンプを）やろうかなと思っていました」という衝撃の告白だった。

つまり、後半の3連続ジャンプの一つ目を、4回転トウループに変更するプランをとっさに描いたという。「やっぱしんどかったです（笑）」と、笑顔でサラリととてつもない挑戦を瞬時にとりやめたことを打ち明けてしまうあたりが、羽生選手らしかった。

じつはフィンランドは、羽生選手が10歳で初出場優勝した国際大会（ノービスAクラス）の開催国でもあった。

本人の記憶も鮮明で、「やっぱり、なんだろう。この地で、このフィンランドっていう地でやったからかもしれないですけれども、僕が初めて海外試合で優勝した地で、海外試合に初めて出た地で、すごく自然が豊かな場所です。ここの自然の豊かさを感じながら滑ることができました」と語った。

世界王者の看板を背負い、連覇がかかる平昌五輪へ歩みを進めることになる。大会中、世界選手権での優勝に羽生選手が強いこだわりを抱いていた理由が、本人の口から明かされた。

「（平昌五輪が行なわれる2018年の）66年前のディック・バトンさんが、ディフェンディング・オリンピックチャンピオン、そしてワールドチャンピオンとして臨んで最終的にオリンピック連覇を果たされているので、すごくいい験《げん》担ぎだなと思っています。ループ成功者も、すごくいい験担ぎがあって（笑）、いい流れが自分にきているなってすごく自分の中で思い込んでいます」

フィギュアスケート男子の五輪史を紐解くと、1948年のサンモリッツ五輪、52年のオスロ五輪を連覇したのが、羽生選手が語ったディック・バトン氏だ。彼は前年シーズンの世界選手権覇者として、連覇のかかった五輪に挑んでいる。

さらに、3回転ループを初めて公式戦で成功させたのもバトン氏だった。時代が移り変わり、ジャンプが進化を遂げ、羽生選手は史上初の4回転ループを跳んだスケーターになった。

時空を超え、「自分に流れが来ている」と話した羽生選手が見据えた先には、もう翌シーズンに迫った平昌五輪があった。

しかし、決して楽観視はしていなかった。

日々のスケートとの向き合い方は謙虚そのものだ。

「追いかけられる立場ってすごく言われますが、今回のショートでわかったように、まだまだ追いかけている背中はたくさんあって、今日（フリー）はパトリック（・チャン選手）もハビエル（・フェルナンデス選手）も完璧な演技ができなくて最終的に順位を下げてしまいましたけれども、ショートで1位に立ったのはハビエルで、3位に入ったのもパトリックです。もちろん若い選手、宇野（昌磨）選手もボーヤン（・ジン）選手もネイサン（・チェン）選手も、たくさん強いスケーターがいます。みんな、それぞれの長所があって、僕にはないものもたくさん持っています。僕にとってはすべてが追いかける背中です」と、頂点を目指して戦ったスケーターをたたえることを忘れなかった。

「今シーズンはとにかく『オリンピックで金メダルを獲りたい』ってずっと思ってきました。まだ今シーズンにオリンピックがあるわけではないのに、そう思って練習を続けてきて、最終的に世界選手権という舞台で勝つことができました。でもやっぱり、ここはオリンピックじゃないです。でも、こういう試合（ショートで出遅れることやフリーで勝利を信じて演技をすれば逆転があること）が、オリンピックで起こるだろうなっていうことはあらためて実感しました。どんな隙もつくらないスケートをつくりあげなきゃいけないなって感じました」

来たるべき翌年の平昌五輪へ、羽生選手はどんなアクシデントにも揺るがない「強さ」と「準備」を怠らないことを誓った。このときは、羽生選手も、ほかの誰も、平昌五輪までの道のりが、いかに険しく困難なものになるかを想像もしていなかった――。

Yukihito Taguchi

番記者

Column

「祝福アナウンス遠慮した王者の気遣い」

２０１７年４月。世界選手権をフリーで大逆転して３年ぶり２度目の優勝を飾った羽生選手は、拠点のトロントには戻らず、日本へ一時帰国した。

この年は２年に一度の国別対抗戦が東京で開催されることになっていたからだ。

フィギュアスケートという個人競技において、男女のシングル、ペア、アイスダンスの４種目で世界ランキング上位６カ国が競技の総合力を争う。これが国別対抗戦の醍醐味である。

日本に帰国したとき、大勢のファンに出迎えられた。

「（前回のソチ）オリンピックのあとを彷彿させるような長い列で、みなさんが迎えてくださったので非常に気持ちよく帰国することができました」

羽生選手は帰国直後の４月５日、東京・六本木で開催された国別対抗戦の日本代表選手記者会見に出席した。

メインキャスターの松岡修造さんと特別解説の荒川静香さんが司会進行を務め、報道陣が見つめる中、代表選手たちはそれぞれ、ボードに意気込みを記した。

羽生選手は「日の本一の力を！」と書き、「日本の国旗を背負って戦うという自覚がいちばん強い大会です」と力を込めた。

そして、「世界選手権の疲れは残っていますが、しっかり集中して、日本の団結力を出したい」と抱負を語った。

スケーターにとって、世界選手権は個人におけるシーズンの集大成の大会と位置付けられる。トップスケーターになるほど、ピーキングもコンディショニングも世界選手権に合わせたあとの反動は大きい。

シーズンの疲労なども重なる中、羽生選手は、連戦となる国別対抗戦に臨んだ。

この会見の中で、筆者がもっとも印象に残ったフレーズがある。日本の顔、日本のエースである羽生選手が口にした、「チーム戦として、（日本の）仲間と出られることがとても楽しみで嬉しいです」という言葉だ。

「国旗」「チーム戦」「仲間」「温かい声援」「故郷」——。

羽生選手にとって、拠点を海外に移していても日本が特別であると同時に、共にしのぎを削るスケーターたちと、一致団結できる大会ということを強調しているように見えた。

じつは、羽生選手が団体戦への意気込みをここまで語るのには理由があった。少なくとも、筆者はそう感じている。

それは、あるエピソードを聞いていたからだった。

◇

羽生選手が激闘の地・ヘルシンキから帰国の途についたときのことである。

所属企業でもあったＡＮＡの国際線の機内で、客室乗務員が羽生選手に、あるサプライズを持ちかけた。

「羽生さんが搭乗されているというアナウンスのあと、乗客のみなさんに向けて祝福のアナウンスをしてもよろしいですか」

羽生選手を応援するために、はるばるヘルシンキへ来たファンの人たちに歓喜の輪が広がるだろう。そんな演出の提案だった。

羽生選手はしかし、その提案を丁重に断った。

「この機内に搭乗されているのは、僕を応援してくれている人だけではないと思います。応援していた選手が優勝できなかった人たちが、僕を祝福するアナウンスを聞いたら余計に悲しい思いをされるでしょう。お気持ちだけで充分です。ありがとうございます」

ANAからの心遣いに深く感謝するとともに、そんな気配りを見せ、ささやかに祝杯を挙げるだけにとどめた。

◇

国別対抗戦は、東京・代々木競技場第一体育館で開催された。

会場内は、観客席の大半が日本チームを応援するファンで埋まっていた。チーム戦の今大会は、日本チームをみんなが応援できる。誰のファンかは関係ない。

羽生選手は世界選手権後、次のように振返っていた。

「フリープログラムは、すごくゆったりとした曲ですけど、それでも最後のステップのところで、『頑張れー』という声が混ざった歓声だとか、最後のジャンプを跳び終えたあと、ステップからスピンから最後まで鳴りやまない拍手だとか歓声が、聞こえていました。すごくありがたかったです。ショートプログラムでは、あとで写真を見て驚きましたが、海外の方も一緒になって盛り上がってくださっていたので、ここで滑れて幸せだと思いました」

ファンの期待に喜びを感じ、モチベーションを高めてきたのだ。

勝負の世界では、誰かが勝てば、ほかの誰かは勝者にはなれない。個人戦のフィギュアスケートにおいて、順位は採点結果で明確についてしまう。

そんな世界で滑り抜いてきたからこそ、羽生選手にとって、国別対抗戦は少しテイストが違う大会なのかもしれない。

しかし、ショートは7位と出遅れてしまった。滑り終えたあと、羽生選手は小さく「ごめんね」とつぶやいた。

「予想外というか、悔しいという気持ちしかないですね。今回、すごく自信を持ってショートに臨みましたが、チーム戦だからこその緊張感もありましたし、明日が（ショートの使用曲である『レッツ・ゴー・クレイジー』の）プリンスさんの命日だったので、そういう気持ちも込めて滑ろうと集中していたつもりだったのですが、ほんとに申し訳ない気持ちでいっぱいです」

フリーは前半組での滑走となった。

「この悔しさをしっかり糧にして、いい集中力に変えて、明日（フリー当日）爆発させたいです」

迎えたフリー本番は、観客が手にした多く

の日の丸が揺れる会場で、巻き返しの攻撃的なプログラムを仕掛けた。

冒頭の4回転ループを完璧に成功させ、基礎点が1・1倍になる後半は4回転サルコウ－3回転トウループ、さらに4回転トウループの単発、そして4回転トウループを含む3連続を決めた。

わずか3週間前の世界選手権で優勝したときの構成は、後半の4回転は2本だった。

それが、3本となって、前半に1回転で抜けた4回転サルコウを含め、4回転5本の演技構成をシーズン最後に演じてみせた。

ミスが出たショートの悔しさから前夜はなかなか寝つくことができなかったという。

フリーのイメージトレーニングを重ねているうちに、時計の針は深夜の3時を回り、4時になった。

「こんなに悔しいなら、（4回転を）もう一本、『やっちゃえ』って思いました」。悔しさで気持ちをふさぐのではなく、攻めの姿勢に変えてしまうあたりが「王者の思考法」だろう。

演技を終えた羽生選手は、肩で激しく呼吸を繰り返した。

「後半に4回転を3本跳べたのは収穫でした」

タフなプログラムを演じた羽生選手の得点は、全体トップの200点超え。団体戦の醍醐味を存分に味わい、自らも確かな手応えをつかむことができた。

羽生選手の五輪プレシーズンは、笑顔で幕を閉じた。

Yukihito Taguchi

第4章

王者を襲った最大の試練

①五輪の必勝プログラムに込めた思い

2017年8月上旬。筆者は、カナダ・トロントのクリケット・クラブに向かった。平昌五輪まで約半年となり、連覇がかかる羽生選手の五輪シーズンがいよいよ幕を開けるからだった。

夏の青空が広がっていた。屋外に緑の芝が整備され、晴れやかな天候に包まれた同クラブ。広報対応のためのスタッフらも同行するなど、入念な準備の末に公開の場が設けられた。

羽生選手は駐車場入り口からいつものスーツケースを転がしながら爽やかな笑顔で登場した。「本日はよろしくお願いします」。丁寧に何度も頭を下げる謙虚な姿勢は、リンクで王者の風格を漂わせる「勝負師・羽生結弦」と見事なコントラストを描いていた。

ついに始まる五輪シーズン。この合宿には例年どおり、多くの報道陣が取材に駆けつけた。

多くの名スケーターを生み出してきたトロントの名門クラブ。羽生選手のように世界の

Yukihito Taguchi

舞台で活躍するスケーターたちが、スケーティングなどのレッスンを一堂に会して行なう。アイスダンスで1988年カルガリー五輪銅メダルに輝き、スケーティング指導に定評があるトレイシー・ウィルソン・コーチによるグループレッスンでは、羽生選手がみんなを引っ張るように先頭で伸びのあるスケーティングを披露。

報道陣の視線を浴びながらも、羽生選手は自然体の笑顔で、ほかのスケーターたちと笑顔で会話する場面が印象的だった。

羽生選手の取材は練習後、リンクが見えるガラス張りの2階の部屋で始まった。発表されたのは五輪の勝負プログラムだ。

「ショートはショパンの『バラード第1番』を、フリーは『SEIMEI』を、それぞれ滑らせていただこうと思っています」

『バラード第1番』はロマン派を代表する作曲家・ショパンが手がけた名ピアノ曲、『SEIMEI』は和の世界観を象徴するプログラムだ。いずれも羽生選手が過去に世界歴代最高得点をマークした自身の代表的な演目でもある。

羽生選手はプログラムを決めた経緯についても語った。

「まず『SEIMEI』を15－16年シーズンにやって、いい経験ができました。そのときから、『このプログラムをもう一度、オリンピックシーズンにも使いたい』と決めていたので、ほとんど迷いなく、フリーは決めることができました。『SEIMEI』に関しては、タイトル、プログラム自体もそうですけど、自分というキャラクターがすごく立っていると思います。その中で、背景までちゃんと見えるような表現をしたいなと思っています。

『バラード第1番』に関しては、曲がきれいで、一つ一つのピアノの音に重みがあります。自分ならそこを表現して、音が自分と重なっていくような演技ができるなということを、昨シーズンの経験から学びました」

五輪競技の世界には「4年周期」の見えない枠組みがアスリートを縛ることがある。ほとんどの競技で世界選手権は毎年行なわれるのに対し、五輪は4年に一度。年齢やコンディションのピークを合わせることが難しい。

あるフィギュアスケート関係者に、選手はどのようにプログラムを選曲するのかを聞いたことがある。

「オリンピックは4年間の集大成と位置付ける。つまり、前のオリンピックから4年間で、誰がチャンピオンなのかを決めることになる。だから、4年間の総合的な強さを見せたものが、オリンピックという一発勝負の舞台で本来のパフォーマンスを発揮したときに、金メダルを手中に収めることができるのです」

五輪シーズンに過去のプログラムを使用することに対し、この関係者は、「羽生選手なら、世界歴代最高得点を獲得したプログラムがこの4年間にあるのだから、披露しない手はない。みんなが、あのプログラムをオリンピックの舞台で見たいと思うだろうし、金メダルにふさわしいプログラムだと思うでしょう。同じプログラムを使うことは、すでに高いレベルの演技に目が慣れているジャッジの予想を上回る演技が求められるので、羽生選手にとってはむしろ評価のハードルが高くなっています」と強調した。

ソチ五輪で金メダルを獲得してからの五輪シーズンを含む4年間でもっとも「自分らしい」かつ「王者にふさわしい」プログラムを選択することが、2度目の金メダルに挑戦する羽生選手に課せられた使命ともいえる。羽生選手がプログラムを公表したとき、ほとんどのメディアや記者は「まったく違和感の生じない」選択としてとらえていた。

羽生選手は五輪シーズンのプログラムの楽曲については、アレンジをしないと断った上で、「前に演じたときに比べて、自分がどう見せたいか、どう演じたいか、どう感じているかを、より深く考えられるようになってきたと思っています。『バラ1（バラード第1

番）』は3回目ですが、そういった意味で『また、これか』と思わせない演技にしたいと思います」と言いきっていた。

前述の関係者が指摘するように、羽生選手にとって同じ曲を使うことは「安心感」よりも「リスク」が伴う決断だったはずだ。

ショートの『バラード第1番』も、フリーの『SEIMEI』も、羽生選手が過去に世界歴代最高得点をマークしたプログラムである。

高得点を出すことが当たり前としてとらえられ、目の肥えたジャッジたちは「表現やジャンプの上積み」を見てくる可能性が高いからだ。しかし、羽生選手は「あまりプレッシャーはないですね」と受け止めた。

「むしろ、『これで（世界歴代最高を）出せたのだから大丈夫』という自信がありますし、（曲の中での）呼吸の仕方などが、自分でいられるプログラムで、滑っていてすごく心地がいいんです。ジャンプ、スピン、ステップ、すべての要素において、自分らしく演じられるプログラムなので、余計なことを考えずに練習もできています」

少し先の話になるが、羽生選手は、このシーズンのグランプリ（GP）シリーズ初戦となったロシア杯後、こんな話もしていた。

「フィギュアスケートの世界では、同じ曲で滑るのは珍しいことかもしれないですけど、僕自身、『SEIMEI』だったり、『バラード第1番』を振り付けてもらったときにすごく参考にしたものがあります。それはバレエや日本の伝統的なものでした。とくに日本の伝統的なものに関して言えば、何回も何回も、昔から同じ踊りや音楽が受け継がれていきます。自分のフィギュアスケートの形としても『あり』なんじゃないかなと思っています。そういった意味でも少しずつ、この2つのプログラムを僕自身が納得できる形に、納得できるレベルまで持っていけたらと思っています」

新しいプログラムを演じていくのではなく、同じプログラムにも新たな息吹をもたらしてクオリティを高め、後世にまで受け継がれるようなプログラムにしたい——。

羽生選手にはそんな思いもあったのだった。

また、五輪シーズンのプログラムを選んだ決め手について「自分に合っていると思ったのがいちばん」と明言した羽生選手だったが、こんな本音もこぼした。

「毎年、新曲を選んで、これをやって、あれもやってというのは、けっこう難しいんです。でも、今シーズンはそんなことをやっている時間はないと思っています。シーズン初めのころは、『まだ新しいな』『初々しいな』『これから滑り込んでいくんだろうな』という感覚が見ている方にもあると思います。しかし、今シーズンはそういうことではいけないと思っているんです。スタートラインにプラスの状態で立って、そこからさらにたくさん積み上げていきたいからです」

羽生選手はこう語った上で、「今シーズンのフリーは、後半に4回転を3本入れるという構成にしています。だから、計5本かな、4回転を入れるつもりです」とさらりと言ってのけた。

世界歴代最高得点をマークしたシーズンの『SEIMEI』は2種類3本の4回転ジャンプだったのに対し、新プログラムでは3種類5本の4回転を盛り込んで難度を高めてきた。その上で、絶対的な武器であり、安定感も抜群のトリプルアクセルを「いつでも、どんな状況でも跳べるように」して、リカバリーに備えるという。

フリーの構想は、前半に4回転ループとサルコウ、3回転フリップ、後半に4回転サルコウ－3回転トウループ、4回転トウループ－1回転ループ－3回転サルコウ、4回転トウループ、トリプルアクセル－2回転トウループ、最後は3回転ルッツだが、4回転ジャンプでミスがあったりした場合にはトリプルアクセルのリカバリーを想定しているという。

3回転以上の同じ種類のジャンプは2種類をそれぞれ2度しか跳べないため、4回転サルコウとトウループを想定。しかし、どちらか一本を失敗した場合には、最後のジャンプをトリプルアクセルにし、3回転以上の2種類のジャンプを組み替えて失点を最小限に抑えるというプランだ。

後半のトリプルアクセルからの連続ジャンプは、難しいステップワークのイーグルから跳んでイーグルで締めて、加点も稼ぐ算段となっていた。これは、前シーズンの最終戦の国別対抗戦で挑んだ高難度なジャンプ構成だった。

羽生選手は、このとき「いまは試合で跳ぶことは考えていません」と煙に巻いたが、新たな「4回転ジャンプ」を携えようとしていた。

それこそが、「多種類の4回転ジャンプ時代」に種類と本数に重点を置くボーヤン・ジン選手やネイサン・チェン選手が得意とする4回転ルッツだった。羽生選手はトロントでの合宿公開時には「(4回転ルッツは)跳べていますし、練習もしていますが、とりあえずはこの構成できれいにまとめること」と言葉を選んでいた。

このころの男子シングルを席巻する、「4回転の種類・本数」か「プログラムの質」かの議論はすでに紹介したとおりだが、絶対王者として世界のトップに君臨する羽生選手も回答を避けて通るわけにはいかなかった。

Yukihito Taguchi

Yukihito Taguchi

五輪シーズンの自らの強みを聞かれた羽生選手はこのとき、記者からの質問に間髪入れることなく、「全部です」と即答した。

「別に、今シーズンにとらわれなくてもいいです」と断り、「4回転ジャンプはトウループ1本でいい時代がありましたが、そのころの自分はシニアにデビューした直後だったので、4回転を多く跳ばないと勝てませんでした。そういうことを考えると、ジャンプでデビューしたような感じもありますが、僕はもともとスピンが得意でやっていましたし、小さいころはスケーティングをすごく重視して練習をしていました」と明かす。

羽生選手からは、王者に上り詰めるまでのプロセスにおいて、「勝つため」に切り開いてきた道と苦悩が垣間見えた。

ようやく自分と向き合う立場となり、幼少期から夢見た五輪連覇に挑む権利を手にした。だからこそ、羽生選手は「(ジャンプも表現力も、すべてのクオリティを含めた)全部が僕の武器だと自負しています。『ああ、羽生結弦って、やっぱり上手いな』と思ってもらえるスケーターを目指してやっています」と言える立場になっていた。

世界屈指の名門クラブでもあるクリケット・クラブのリンク内の壁面には、同クラブから輩出した歴代の世界選手権優勝者と五輪メダリストの名前が刻まれたボードがある。

「WORLD CHAMPIONS」のボードには、「YUZURU HANYU 2014 2017」とあり、「OLYMPIC MEDALISTS」のボードには「YUZURU HANYU GOLD 2014」のプレートが掲示されていた。取材に応じたオーサー・コーチは、羽生選手が逆転優勝を飾ったヘルシンキでの17年世界選手権前、このボードの前に立つ姿をよく見かけたという。

そして、最近は五輪メダリストのプレートをじっと見つめていることがあるという。オーサー・コーチは「彼はすでに、ゾーンに入っている状態にある」と言った。

そんな中、囲み取材では、五輪シーズンにただ勝つのではなく、圧倒的な演技を期待される立場の羽生選手に、「合計得点は（世界歴代最高を）超えられると思いますか」という質問もあった。このときも、やはり即答している。

「はい！　超えないと！」

見据える先にあるのは、男子66年ぶりとなる五輪連覇の大偉業だった。

②封印解いた高難度の４回転ルッツ

ロシア・モスクワの地で、「封印」を解いた。羽生選手は五輪シーズンのＧＰシリーズ初戦のロシア杯に出場した。ショート前日の公式練習。そこで羽生選手が跳んだのが4回転ルッツだった。

組み込むのは、フリー『SEIMEI』をさらに進化させる、冒頭のジャンプである。

「これまで練習をしてきて、『ルッツが入るな』という感覚ができたのが、(ロシア杯で)入れることにした理由です。オリンピックまで、試合の数は限られています。守ることや捨てることはいつでもできるので、なるべく自分がいちばん実力を発揮できる構成、いちばん本気を出せるプログラムでやりたいと思っています」

4回転ルッツの投入を明言し、「五輪シーズンに新たなプログラムを滑り込むような時間は残っていない」と話していた羽生選手の「本気」のプログラムが、ついにベールを脱ごうとしていた。

布石は、シーズン初戦のオータム・クラシックで打っていた。

ショートで自らの世界歴代最高得点を更新する112・72点をたたき出した羽生選手は、フリー冒頭でスピードに乗った助走からルッツジャンプを跳んだが、1回転で抜けてしまった。このときの予定演技構成表では、冒頭のジャンプは3回転ルッツになっていた。

フリー冒頭で抜けたのは、予定構成どおり3回転ルッツだったのか、それとも——。

羽生選手は多くを語ることなく、「思いきってできない難しさがある。悔しさという大きな収穫を手に入れることができました」と唇をかみしめていた。

一方で、「『オリンピックで優勝するぞ』という印象を強く与えることができた。さらに難しい構成でやり抜いてやろうと思っています」と覚悟を決めたようでもあった。このときは、右膝痛もあって、4回転ループも回避していた。

こうして迎えたロシア杯は体調が回復傾向にあり、開幕2日前の10月18日、現地・モスクワの会場リンクで臨んだ非公式練習では、精力的に4回転ルッツの挑戦に取り組んでいた。

5度試みて、1本目はきれいに回って着氷時に右膝を曲げてこらえた。高難度のルッツを公式戦で決めれば、自身4種類目の4回転となる。

開幕を翌日に控えた大会前日の公式練習では、フリー『SEIMEI』の曲かけ練習でも1回転で抜けてしまうなど、7本続けてきれいな着氷がなかった。しかし、これまでも、がむしゃらに跳ぶのではなく、身体の軸や助走スピードなど、あらゆる要素を考えながら滑る羽生選手の修正能力を筆者は何度も見てきた。

そして、練習の終盤に光明が差した。

羽生選手はこの日8度目となる挑戦で、高さのある4回転ルッツを降りたのだ。赤、青、白など、多彩なカラーが映える観客席で、日本から駆けつけたファンの大歓声が沸き起こった。

8本目に挑む直前、羽生選手はリンクのフェンスに両手をつき、屈伸をして集中力を高めていた。

このときの羽生選手にとって、4回転ルッツは挑戦するジャンプではなかった。すでに、トロントでの練習で跳べる感覚はつかんでいた。だからこそ、8本連続で挑んで、きちんと降りてGPシリーズを迎えようとしていたように見えた。

◇

ショート2位で迎えた羽生選手は、フリー直前の6分間練習で4回転ルッツの空中姿勢の軸が斜めに傾いたため、両手をついて着氷した。

しかし、短時間での微修正を終えた本番では、GOE（出来栄え評価）1・14点を獲得して公式戦で初成功を収めた。後ろ向きの助走から跳び上がる瞬間、左足のエッジをアウトサイドに傾けたジャンプは、まさにお手本のようだった。

6種類あるジャンプについて、羽生選手は幼少期から基礎を大事に練習してきた。

ある関係者は、「だから、羽生選手のジャンプにはクセがない」と話す。

ソチ五輪前から安定感抜群の4回転トウループ、さらにサルコウ、史上初めて跳んだループ、そしてアクセル以外では基礎点がもっとも高いルッツと、4種類目の4回転を手に入れた。表現力だけに傾倒せず、多種類の4回転時代の先頭を走る王者のプライドがにじむジャンプだった。

羽生選手はそれでも、出来栄えに課題を残したようで、こらえるように降りた着氷に「回転しきれたことはよかったけど、やっぱり（4回転）ルッツを入れるのは大変だと思います」と大きく息を吐いた。また、2本目の4回転ループが3回転になり、後半の4回転にもミスが出た。

じつはこのころ、羽生選手はルッツに加え、4回転フリップ、さらにはハーネスと呼ばれる補助器具を使って4回転アクセルの習得にも着手していた。

夏にトロントで行なわれた公開練習の際、オーサー・コーチが報道陣に対して、「ユヅルはもちろん、常に新しいジャンプに挑んでいる。4回転アクセルやルッツ、まあ、フリップはそれほど跳びませんが、『今日は4回転ルッツ』『この日は4回転アクセル』といった感じで練習をしている」と明かしている。

羽生選手の場合は、トウループ、サルコウ、ループの3種類でGOEを稼ぐことができるため、種類を増やすことが必ずしも吉と出るわけではない。

「難しいジャンプばかりに手をつけていると、ほかのジャンプにちょっと影響が出てしまいます。その点では、まだまだこの構成での滑り込みが足りないという感触がすごくあります」

ロシア杯でもほかのジャンプでミスが出たことについて、ルッツを組み込んだ影響か、という質問があった。

羽生選手は「跳び方が全然違いますし、僕の場合は、ジャンプを全部、使い分けて跳んでいます」と言いきる。ゆえに「あちこち手をつけてしまうと、訳がわからない状態になるので、まだまだコントロールの仕方が甘いです」と多種類を扱う難しさを明かした。

じつは五輪シーズンが開幕する前、オーサー・コーチとは4回転ルッツについて話し合う時間があったという。

「ルッツを入れる必要はないだろう」

オーサー・コーチは最初、こう話したという。

五輪王者を「防衛」するためには、「堅い戦術をとるタイプ」と評されるオーサー・コーチの言い分も一理あるようにも見える。

羽生選手も、「実際、いまの世界歴代最高得点はサルコウとトウループのみで勝ち取っているわけで、その構成ならノーミスで演技ができるという手応えもあります」と話す。その上で、「それをしてしまうと、自分がスケートをやっている意味がなくなってしまう気がしています」と挑戦をやめない意思を示した。

「スケートって芸術性も大事だし、そういうところに特化したいっていう気持ちももちろん、たくさんありますが、『それじゃあ、試合じゃないだろう』というのが僕の気持ちなので」

そんな思いで4回転ルッツを跳び、ロシア杯のフリーは1位に立った。「ルッツがあったからかな、とすごく思う」と新たな武器の手応えとリスクという両輪を実感した大会となった。

この時点で、五輪プログラムに4回転ルッツが入るとも入らないとも、明言できるメディアはなかった。

ただ一つ言えることは、この時代のフロントランナーである羽生選手が4回転ルッツを懐にしのばせていることを世界が知ったということだった。

③悪夢が襲ったNHK杯の公式練習

まだ観客が入っていないアリーナ席にいた記者たちが一瞬、凍り付いた。

NHK杯を翌日に控えた2017年11月9日、会場リンクで行なわれた午後の公式練習。助走をつけた羽生選手が跳んだ4回転ルッツは軸が傾き、回転が足りずに着氷時のバランスが大きく乱れた。

不安定な角度でリンクにエッジをつくと、右足が激しくねじれたように見えた。転倒してうずくまった羽生選手が立ち上がると、苦悶の表情を浮かべていた。

ゆっくりとした足取りでいったんリンクを後にし、また練習を再開しようと戻ってきた。私を含めた多くの記者が羽生選手の一挙手一投足を逃すまいとメモ帳にペンを走らせた。

この時点では、羽生選手の症状はわからなかった。

足首をひねっただけで、大事を取ってリンクから出ただけなのか。一瞬、そんな思いも頭をよぎったが、状況は想像以上に深刻だった。

フリー『ＳＥＩＭＥＩ』の曲をかけた練習で、ジャンプを跳ばずに調整したが、表情は常に険しく、練習を途中で切り上げた。

羽生選手がリンクに戻ってこないことが確認されると、多くの記者が足早に会場の外へ出た。会場アリーナを何人もの記者が小走りし、スニーカーのゴム底が床に接地した際のキュッという音が響いた。

会場裏手に位置する関係者車両の出入り口には、いくつものカメラが並んだ。気になるのは負傷の程度。五輪シーズンのＮＨＫ杯とあって、羽生選手の注目度はこれまで以上に高かった。この大会では、優勝はもちろん、内容も含めて詳細に報じる予定でいた。

メディアの担当記者たちは、羽生選手を乗せた車両が通過する瞬間を警戒しつつも、会社に第一報を携帯電話で入れなければならなかった。

スポーツ紙は一面、一般紙やテレビ各局もスポーツコーナーではもちろん、場合によっては、トップニュースで扱う予定だった羽生選手の開幕前日の調整練習は、記事のトーンが暗転する事態を避けることができなかった。

冷え込む会場外に何十人という報道陣が待つ情景は異様ともいえた。しばらくして、羽生選手がすでに会場を出ていることがわかると、今度は選手が宿泊するホテルのロビーへと向かった。

こうしたメディアの取材姿勢はときに批判にさらされることがある。ケガをした羽生選手の心情を考えれば、そっとしておくべきだ、と。もちろん、そのとおりである。一方で、羽生選手の状況を心配する読者やファンに少しでも続報を伝えることも、「取材パス」という特別な許可をもらった記者側には求められる。

もちろん、羽生選手があの状況で取材に対応するとは考えておらず、非公式な情報で混乱を招く事態も避けなければならないと考えていた。可能な限り、取材対象に迷惑をかけない範囲でどのような情報を取るか。報道姿勢も問われた。

羽生選手は午後7時から大阪市内で行なわれた日本選手による記者会見も急遽、欠席をして姿を見せなかった。

日本スケート連盟の公式アナウンスによれば、病院で治療を受けているが、出場の可否などの連絡は入っていないということだった。

ホテルでの待機は深夜にまで及んだ。状況はわからない。日本スケート連盟のスタッフたちと顔を合わせると、「今日、事態がどうこうなることは絶対にない。みなさん、もうお帰りください」と言われた。そんな中で、わずかに漏れ伝わってきた情報では、「羽生選手は出場に向けた意欲を失っていない」ということと、わずかな可能性を捨てることなく、アイシングなどで回復に努めているということだった。

ショート当日を迎えた午前の公式練習に、羽生選手は姿を見せなかった。

じつはこのとき、まだ出場の可否についてギリギリの攻防を重ねていたという。日本スケート連盟の小林芳子フィギュア強化部長は、「競技に出られるよう、治療に専念しています」という現状を報道陣に向けて説明していた。

しかし、事態が奇跡を起こすことはなかった。

「昨夜から先生方に懸命な治療をいただきましたが、残念ながら医師の最終判断で欠場することになりました」

会場に張り出された羽生選手欠場の発表とコメントに、記者室は静まりかえっていた。

NHK杯欠場により、前人未踏の5連覇がかかっていたGPファイナル進出も絶望的となった。

羽生選手はギリギリまで戦っていた。自身のキャリアを考えれば、無理をする必要があるとはいえない。NHK杯は連覇を目指す平昌五輪の「序章」にすぎない。

しかし、勝負にこだわる羽生選手は、どんなときにも闘争本能をたぎらせている。最後まで出場の可能性を探った羽生選手の本気度は充分に伝わってきた。

羽生選手のケガの原因となったのは、4回転ルッツの転倒だった。ソチ五輪以降、羽生選手は世界の男子フィギュア界を実力、人気で牽引する存在となっていた。

自らが君臨する「羽生時代」に、お手本のような複数の4回転ジャンプと長い手足と抜群のスタイルを駆使した表現力という「総合力」で「絶対王者」と呼ばれるようになった。

若くて伸び盛りの選手たちは、「多種類の4回転」に王者と渡り合う希望を託し、ネイサン・チェン選手やボーヤン・ジン選手は4回転ルッツを跳ぶ。羽生選手へのあこがれを日頃から口にする宇野昌磨選手も4回転フリップで追随する。

あるフィギュア関係者は一方で、「ジャンプコンテストのようだ」と危惧していた。

フィギュアスケートはスポーツとしての側面と同時に、芸術的な側面も併せ持つ競技特性がある。しかし、客観的な採点へと舵を切っていく中で、ジャンプに与えられる基礎点の比重が高くなってきたのは事実である。どれだけスケーティング技術や表現力が優れていたとしても、4回転ジャンプを跳べなければ勝つことは難しく、トップ選手の勝敗を分けるのは、4回転ジャンプの成否になっているのも事実だった。

一方で、ジャンプだけで勝てないのもフィギュアの特性である。ここに羽生選手のもう一つの強さがある。当時の採点ルールでは、表現力は「スケート技術」「要素のつなぎ」「表現力」「構成力」「曲の解釈」の5項目からなり、それぞれが10点満点で評価される。羽生選手は5項目すべてでコンスタントに9点台を並べることができる希有なスケーターだった。

だからこそ、関係者の中には「羽生選手は無理に4回転の種類を増やさなくても、オリンピックの連覇は充分に可能だ」と指摘する声があった。

実際、このシーズンの初戦となったオータム・クラシックのショートで、羽生選手は世界歴代最高得点を更新している。このとき、大会直前に生じた右膝の違和感から4回転ループは跳ばず、トウループとサルコウの2種類の4回転で自身のスコアを塗り替えている。

羽生選手を指導するオーサー・コーチも「トータルパッケージ」と評して、総合力の重要性を説いていた。

しかし、羽生選手の考えは違った。

だからこそ、トウループとサルコウの2種類の4回転ジャンプで頂点に立ったソチ五輪から、「進化」をやめることはなかった。16－17年シーズンに4回転ループを投入し、五輪シーズンには、後ろ向きで跳ぶジャンプの中でもっとも基礎点が高い4回転ルッツをGPシリーズ初戦のロシア杯で跳んでみせた。王者の王者たるゆえんがそこにはあった。

NHK杯前のコンディションは最悪だった。じつは、ケガをした当日は、朝を迎える前の夜中から発熱があり、体調が悪かった。このため、本番の4回転はループとルッツを回避した構成で臨むプランもあった。それでも、ジャンプの感覚を失わないために、公式練習で4回転ルッツに挑んだ。飽くなき向上心による「進化」のプロセスで見舞われたアクシデントだったのだ。

五輪は待ってはくれない。どこまで回復するのか。スケーターにとって、足の負傷は氷に乗れない時間が長引くことを意味する。五輪本番は3カ月後に迫る。1カ月半後には代表の最終選考を兼ねた全日本選手権が控えていた。

日本スケート連盟の小林フィギュア強化部長は、「全日本に戻るという羽生選手の気持ちを尊重して、サポートしていきたい」と話したが、現実には羽生選手にできるサポートは限られていた。

羽生選手はNHK杯が終了した11月12日、「いつも応援ありがとうございます。このたびは、皆さまにご心配をおかけし申し訳ございません。10日間は絶対安静と医師から言われました。その後3〜4週間で元に戻るとみておりますが、まだ、あくまでも予定でございます。何とか全日本までに間に合うよう治療・リハビリに努力いたします。全日本ではいい演技が出来るよう頑張りますので、どうぞリハビリ、練習に専念させていただきますようご配慮の程、なにとぞよろしくお願いいたします」との談話を発表した。

そして、日本を離れ、拠点のトロントに戻った。地道なリハビリと王者死守に向けたギリギリの調整。まさに競技人生を懸けた大勝負が始まろうとしていた。

④全日本欠場も、文句なしの代表選出

トロントに戻った羽生選手は「沈黙」を保ち続けた。

日本スケート連盟の事務局が入っていた東京・渋谷区にある岸記念体育会館。ここの1階会議室で、連盟は定例の会合を開いている。

羽生選手が日本を発つ前に出したコメントから10日後の17年11月22日。会合の終わりを待つメディアの目的は一つだけだった。羽生選手の現状が日本スケート連盟にどう入っているか、である。

小林芳子フィギュア強化部長が対応する会館内の談話スペースには、喫煙スペースが隣接し、スペース内のテーブル席などでは、別の競技団体関係者らが談笑する。

そんな一角で話す小林フィギュア強化部長と、ペンを走らせる報道陣だけが緊張感に包まれていた。

小林フィギュア強化部長が、羽生選手の状況について「治療とリハビリをセットでやっていると聞いています」と語った。

そして、12月10日、名古屋市の日本ガイシホールで開催されたGPファイナルの一夜明け会見で、さらにコメントを追加し、「だいぶよくなりましたが、まだ痛みがあるため、氷上練習はできていません。治療とリハビリを頑張っています」と、8日時点での羽生選手の状況として報道陣に明かした。

NHK杯欠場直後の談話は、医師から言われたのが「絶対安静が10日」、その後「3〜4週間で元に戻るとみている」というものだった。

決して楽観視はできなかった。

ジャンプを着氷する際に衝撃を受け止める右足首負傷の瞬間を、目撃していた記者たちにとって、当初の「3〜4週間で元に戻る」という見立てが随分と軽いように思えたからだ。

ただ、まだ氷に乗れていないという、小林フィギュア強化部長が発した内容に、記者たちの間にも少なからず衝撃が走っていた。

◇

その後もわずかに前進している状況が、少しずつだが情報として入ってきた。

3日後の12月13日、岸記念体育会館で開催された日本スケート連盟の理事会後、小林フィギュア強化部長が「練習拠点のトロントで、羽生選手が近く練習を再開する予定です、との報告を受けました」と語った上で、メモを取り出して次のコメントを読み上げた。

「通常の捻挫よりも治りが長引く靱帯《じんたい》を損傷していることが分かりました。今後、氷上に立ち、左足を中心に、ストロークやクロスなど単純に滑ることだけから始め、少しずつ負荷を上げ、右足でのターンなどを出来るようにしていきたいと思っています」

これは、当日朝に羽生選手から届いたメールの内容とのことだった。

ところが翌14日、日本スケート連盟を通じてあらためて羽生選手のコメントが届いた。

「当初の診断では3～4週間ほどで元に戻るということでしたが、通常の捻挫よりも治りが長引く靱帯を損傷していることが分かりました。また、腱《けん》と骨にも炎症があるため、治るスピードが早くはありません。今後、氷上に立ち、左足を中心に、ストロークやクロスなど単純に滑ることだけから始め、少しずつ負荷を上げ、右足でのターンなどをできるようにしていきたいと思っています。いつから練習を再開出来るかは、まだ決まっていません」

前日のコメントがメディアを通じて楽観的に伝えられたことへの懸念と受け止められる内容だった。約1週間後の全日本選手権への出場は極めて厳しい状況に追い込まれていることは明らかだった。

4回転ルッツまで跳び、ひそかに4回転アクセルの練習にも着手していた羽生選手が「単純なスケーティング」から再開するということは事態の深刻さを物語る内容だった。

12月18日。日本スケート連盟は、羽生選手が全日本選手権を欠場することを発表した。この日、欠場届が受理され、羽生選手は連盟を通じて、「全日本に向け、治療とリハビリに取り組んでまいりましたが、断念せざるを得なくなりました。今後は一日も早く、ベストな状態で練習に専念できるよう頑張りたいと思います」とコメントを発表した。

五輪シーズンの全日本は、日本代表選手の最終選考会を兼ねた大事な大会となる。

日本男子の五輪代表枠は、この前シーズンの世界選手権で羽生選手が優勝したこともあり、最大の「3」を確保できている。

代表は以下の基準で選考される。羽生選手は選出されることが確実だった。

・1人目は全日本優勝者。
・2人目は、全日本の2、3位と、GPファイナルの日本勢上位2人（全日本優勝者を除く）から選考する。
・3人目は、2人目の選考から漏れた選手と、全日本終了時の世界ランキング、今季の世界ランキング、国際スケート連盟（ISU）公認大会で出した今季最高得点の各上位3選手から選ぶ。

※全日本出場は不可欠だが、世界選手権3位以内の実績がある選手が、ケガ等でやむを得ず欠場した場合は、それまでの成績を評価し選考することがある。

羽生選手は過去に世界選手権優勝の実績を有しており、ケガによって全日本を欠場しても、救済措置によって選考対象から外れることはない。このため、全日本終了時の世界ランキングなどで選出されることが確実となった。

全日本選手権は、「主役」不在の中、東京都調布市の武蔵野の森総合スポーツプラザで開幕した。

◇

全日本選手権後、日本スケート連盟は強化委員会を開催し、男子3選手、女子2選手、ペアとアイスダンス各1組の平昌五輪代表選手を発表した。

12月24日の代表選考後、日本スケート連盟の小林フィギュア強化部長が取材に応じた。羽生選手については「選考基準の文言」に沿った当然の選考だということを強調した。その上で、「羽生選手の実力は、やはり日本のエースです。羽生選手個人の成績ももちろんですし、オリンピックを経験した選手として若い選手を引っ張ってほしいと思います」と期待を口にした。

客観的な診断書は受け取っていない。しかし、五輪王者であり、使命感の強い羽生選手が連覇に向けてトロントで調整を続けている。選考材料としては、それだけで充分だった。ケガの回復遅れによる五輪代表の辞退という最悪の事態は脱した。

しかし、状況は決して楽観視できなかった。

じつは、羽生選手はこの時期、一度氷上に乗ったが、患部の痛みのため、練習を断念していた。

五輪本番まで残り1カ月半。状態はどこまで回復するか。そして、コンディションはどこまで戻るか。本来の姿にどこまで近づけるか。ケガの影響がパフォーマンスにどう影響するか。

幾多の注目ポイントに関する「回答」は、羽生選手の演技を見ることでしか推し量ることはできなかった。

全日本が終わって間もなく、２０１８年、五輪イヤーが幕を開けた。

⑤五輪連覇へ、個人戦でぶっつけ本番を決断

年が明けても、羽生選手の回復状況は、日本スケート連盟の関係者らからの話を総合しながら、考えるしかなかった。

1月に台湾・台北で四大陸選手権が開催されるが、羽生選手はメンバーに入っていない。ケガの状況を考慮すれば、同時期の国際大会などに出場するとしても、調整期間はあまりに短い。2月には五輪が開幕する。

時計の針が進む中、小林芳子フィギュア強化部長が1月16日、約1週間前から氷上練習を再開したことを明らかにした。

「1週間前から練習を始めたということでした。内容については伏せさせてほしい」

五輪を前に、ライバル選手たちの「情報戦」に投入する時期だけに、日本メディアであっても、情報を安易に流すことはできなくなっていた。こうした中で、代表に選出した羽生選手の状態について、前日の15日に羽生選手の家族と連絡を取って確認したという。

患部の痛みのために、一度は氷上練習を断念した羽生選手だったが、年が明けて練習を再開していることが明らかになった。少しずつではあるが、トロントからアップデートされる情報には前進が見られていた。

日本スケート連盟も羽生選手は必ず間に合うと信じていた。小林フィギュア強化部長は、「彼は集中力がある選手です。しっかり調整してくれていると思います」と穏やかな声に力を込めていた。

故障明けの実戦復帰が平昌五輪の本番になるという選択肢は、あまりに現実離れしているように思えた。

もう一つの選択肢として考えられるのは、個人戦の前に実施される平昌五輪の団体戦への出場である。

羽生選手は優勝した4年前のソチ五輪は、団体戦のショートプログラムで大台の100

点に迫る好演技を披露して勢いを加速させ、日本男子初となる個人戦での金メダルにつなげていた。

一方、ケガをした右足首は、故障が再発してしまうと、本番にも影響する部分でもある。ジャンプを着氷する右足だけに、痛みが再発したり、患部に再び痛みが生じたりする事態は避けなければならない。時間的猶予が限られる中、ベストな選択をどう決めるか。

そんな中で、ある情報が交錯した。

日本オリンピック委員会（ＪＯＣ）は、代表選手の日本発の航空便をメディアに公表していた。フィギュアスケートの団体戦は五輪開幕日の2月9日からスタートする。ショートに出場する選手、フリーに出場する選手は五輪リンクでの調整なども兼ねて、早めに現地へ入らなければいけなくなる。

フィギュア選手たちの航空便を丁寧に追うと、一つの仮説が浮かび上がってきた。

羽生選手は団体戦には出場せず、個人戦に照準を合わせている、ということだ。取材を進めていく中で、仮説は「事実」であるという確証を得ることができた。

アスリートが出場するならともかく、団体戦を回避することがニュースとして扱われるのも、羽生選手の存在感ゆえである。

2月3日付の産経新聞朝刊で、「羽生、団体戦を回避　平昌五輪　個人連覇に絞る」という見出しの記事を書いた。記者はニュース価値があると思った記事をデスクと相談の上、出稿する。書いた記事がどの面に掲載されるかは、編集局の判断になる。

このニュースに込めたメッセージは、「順調な回復から五輪出場にめどが立った」ことと、「負傷箇所への負担などを考慮し、個人戦に集中する」ことの大きく2点だった。つまり、羽生選手が平昌五輪の舞台に立つということが記事の趣旨であり、読者に知らせたい内容だった。

記事を執筆した筆者としての判断は当然、1面での掲載になるが、ほかのニュースとの兼ね合いもある。2月2日夜、デスクから「1面でいく」との連絡が入った。羽生選手の動向がいかに注目されているか、あらためてそのことを認識させられた。

翌日の朝刊では、スポーツ報知と日刊スポーツ、サンケイスポーツ、読売新聞、毎日新聞も同様の記事を掲載していた。翌朝には、NHKや共同通信なども一斉に報じた。2月7日の正式発表を待つことなく、羽生選手の動向を日本中が知ることとなった。

羽生選手の五輪シーズンは、初戦となったオータム・クラシック、そして4回転ルッツを着氷させたGPシリーズ初戦のロシア杯と実戦は2度だけ。

負傷によってNHK杯、全日本選手権を欠場し、年明けの四大陸選手権、五輪団体戦にも出場はしないで「ぶっつけ本番」で五輪に臨む決断を下したことになる。

羽生選手はロシア杯を終えたとき、五輪までの道のりについて、NHK杯、GPファイナル、全日本の3戦を見据え、次のように語っていた。

「とにかく練習をすごく積み重ねて、一戦一戦を濃くしていくつもりです。やっぱり、いいイメージっていうものは大事になってくると思うので、どの大会もいいイメージをつくることを最優先にしてやっていければいいなと思っています。いいイメージというのは、やっぱりノーミスしたいですね。オリンピックの緊張感っていうのは特別なものだということが、身にしみて感じています。その中で、難しいジャンプを跳ぶということは、やっぱり自信を持っていかないといけないことだと思っています。一つ一つの試合をどうやってこなしていくかということを大事にしたいと思います」

五輪シーズンに初めて4回転ルッツを組み込んだことで、その影響がループをはじめとしたほかの4回転ジャンプに生じないようにするための調整が必要になること。

一方で、4回転ルッツを入れたことで、フリーでは得意のトリプルアクセルを2本跳ぶ構成が可能になる。

それは「気の抜けるジャンプがない」という高いハードルの中で、羽生選手といえども、実戦の中での調整は不可欠だった。

しかし、結果としては負傷してから一度の実戦も挟むことなく、連覇をかけた五輪本番の舞台へ挑むことになった。

Yukihito Taguchi

第5章

66年ぶり、五輪連覇の歓喜

①厳戒態勢の中での韓国入り

2018年2月11日、フィギュアスケートのメイン担当記者たちは、江陵《カンヌン》駅から「KTX（韓国高速鉄道）」で仁川《インチョン》国際空港の到着ロビーに向かっていた。同じ列車や前後の列車に、他社のフィギュア担当の記者や五輪取材で現地入りしている社会部などの記者たちも乗っていた。

羽生選手がこの日、日本オリンピック委員会（JOC）からの発表で、練習拠点のカナダ・トロントから韓国入りするという情報がもたらされたからだった。

約3カ月前のNHK杯で右足首を負傷して以後、羽生選手が公の場に姿を見せるのは、このときが初めて。すでに、団体戦を回避することが決まっていた羽生選手は、ここからの数日間で連覇がかかる個人戦にすべてを集中させることになる。

空港に着いたメディアはトロントからの直行便の到着時間に変更が生じていないかをチェック。午後5時前の到着に際し、空港ゲートに駆けつけたのは日本の「羽生番記者」だけではなかった。海外メディア、さらには大勢のファンでごった返していた。

空港に降り立った羽生選手は日本代表の公式ウェアに身を包んでいた。紺色ジャケットの左胸には日の丸と五輪マークが縫い付けられていた。

羽生選手にとっても、長い沈黙の時間は忍耐の連続だったはずだ。当初は回復まで3～4週間とされた予定は大幅に遅れ、痛みも思うようには引かなかった。

NHK杯以降のすべての試合を欠場せざるを得なかった。ソチ五輪以降、休養を挟むことなく、幼少期からの目標だった「五輪連覇」へ突き進むはずだった羽生選手の必勝プランも大きく狂っていたはずだ。

本来なら、年末年始は全日本選手権後につかの間の休息がとれるはずだった。いつものシーズンならトロントでサポートする母とともに日本へ一時帰国し、父と姉が待つ故郷の仙台で家族団らんの時を過ごすことができた。

しかし、今回は長旅が患部に悪影響を生じさせる可能性を懸念して、トロントに残る決断を下していた。

羽生選手は空港内で取材に応じてくれることになっていた。日本選手団の関係者が羽生選手に寄り添うように歩く。ＪＯＣスタッフたちが「動線の確保」に努め、平昌五輪のロゴが入った青のロープで規制線が張られた。

できる限り、最前線でICレコーダーを向けたい。しかし、メディアが押し合って、負傷明けの羽生選手に接触するような事態があってはならない。

日本選手団の関係者らが厳戒態勢でガードする中、羽生選手の「即席」による記者会見が始まった。

――負傷した右足首の状況を、ケガをしてからどんな練習をしてきたかを教えてください。

「出られない試合もたくさんありましたし、非常にもどかしい気持ちでもいましたが、できることとして陸上のリハビリや治療を必死にやってきました。実際に試合の場に来られたことを嬉しく思います。これから、しっかりと調整して試合に向けてやっていきたいと思っています」

――連覇への意識は?

「自分にうそをつかないのであれば、やはり2連覇したいと思っています。ただ、それだけが目的ではありません。しっかりと自分の演技を出しながら、このオリンピックをしっかり感じていきたいと思っています」

――オリンピックで予定する4回転のジャンプ構成については?

「現地で調整をして、それから決めようと思っています。(ジャンプ)構成の選択肢はたくさんあります。周りの状況とかもいろいろと考えながら、しっかりと作戦を立ててやっていきたいです」

——現在のコンディションは？

「まだ滑っていないのでわかりません。ただ、団体戦も見ていましたけど、（自分は）どの選手よりも、勝ちたいという思いがいちばん強くあると思っていますし、どの選手よりもピークまで持っていける伸びしろがたくさんある選手の一人だと思っています」

報道陣が羽生選手に確認したかったことは、おもに5点あった。

「ケガはどこまで回復しているのか」「この間にどんな練習をしているのか」「4回転を含むジャンプ構成はどうなっているのか」「現在のコンディションは」。最後に、「五輪の位置付け」である。

羽生選手は五輪本番で勝つための「具体的な戦術」をオブラートに包み、それでいて、メディアの質問の趣旨を理解した上で的確な回答を述べた。

その上で五輪の連覇に関しては、「それだけが目的ではない」としつつも、「2連覇したい」と明言し、関係者が用意した車へと乗り込んだ。

②僕が金メダルを獲ってみせる

韓国入りした羽生選手の初練習は翌2月12日夜だった。五輪会場の江陵アイスアリーナではなく、アリーナ地下に併設された練習用リンクである。通常のアリーナよりも屋根が格段に低く、関係者が着席できるベンチの数も限られていた。

羽生選手は田中刑事選手らと同じ組でリンクに登場した。静寂に包まれた会場で、記者たちはノートを片手に羽生選手の動きをくまなくメモすべく、ペンを走らせた。プログラムの曲がかかっていない序盤には、カメラマンの無数のシャッター音も響いた。羽生選手はそんな雰囲気の中、負傷後初となる公の場での練習をスタートさせた。

極論を言えば、たった一つの転倒がケガの再発を引き起こしかねないほど緊迫した中での調整が求められていた。そんな中、羽生選手は、左右の足に重心を交互に乗せ換えながら、ゆっくりとしたスケーティングから練習をスタートした。

その後のジャンプは、慎重に取り組んでいるのか、プランどおりなのかは推し量ることができなかったが、アクセル以外の5種類のジャンプは8本のうち、7本が1回転だった。2回転がトウループだけで、3回転は最後に跳んだ得意のトリプルアクセルだけだった。

1回転のトウループから跳び始め、2回転トウループを降りたあと、サルコウを1回転で2度跳び、フリップ、ルッツをいずれも1回転で1本ずつ着氷させた。その後、1回転ループを2度跳び、シングルアクセルを挟んでトリプルアクセルで締めた。

最後のジャンプは負傷した右足でこらえるように降りた。転倒は一度もなし。入念に氷の感触を確かめるように、ジャンプを計10本跳んだ羽生選手は、曲かけ練習が始まる前に、早々と練習を切り上げた。ゆっくりと体を氷になじませつつ、わずか15分という異例の短い調整だった。

羽生選手は、翌13日に単独での記者会見を予定していたため、練習初日のこの日は取材が設定されなかった。羽生選手は練習を見守った報道陣の前を通って会場をあとにするとき、「お疲れ様でした。ありがとうございました」と、負傷前と変わらない丁寧な対応をしてくれていた。

会見を午後に控えた翌日の五輪リンクでの公式練習では一転、4回転ジャンプをきれいに跳ぶなど、3日後に迫る本番に向けて順調な回復ぶりを印象づけた。40分間の枠をフルに使った調整。オーサー・コーチらが見守る中、最初は前日と同様にゆっくりと体を氷にならしていった。中盤からは3回転ジャンプを跳び、その後に4回転トウループと4回転サルコウを決めた。ギアが一段上がったようだった。

そして、五輪リンクにあの曲が流れた。フリーの勝負曲、『SEIMEI』だ。演技後半の見せ場でもある4回転サルコウ－3回転トウループ、そして4回転トウループを含んだ3連続ジャンプも次々と決めた。

羽生選手が4回転を跳び始めたのは、わずか2週間ほど前だったという。驚異の回復力と卓越した氷上への順応性が、本番リンクの最初の練習でここまで高い精度の滑りへとつながっていた。リンクサイドに戻ると、オーサー・コーチに親指を立てて好調な状態を伝えていた。

羽生選手は公式練習後、会場内に設けられた記者会見場に姿を見せた。

会見の冒頭に自ら口を開いた。

「ケガをしてから、スケートを滑れない日々を過ごしていましたが、今日、無事にオリンピック会場のメインリンクで滑ることができて嬉しく思っています。もちろん、まだ気を緩めるつもりはありません。しっかり集中して、できることを一つずつやっていきたいと思っています。それから、ケガをして苦しい時期、たくさんの応援メッセージをいただきました。みなさんからいただいたメッセージの力も借りて演技につなげたいと思います」

そして、五輪の本番リンクで滑った感触について、「四大陸選手権のときもそうですが、非常に感覚がいいですね」と手応えを口にした。羽生選手はスケートができない時期、四大陸選手権の映像や公式練習時の状況を思い出しながらイメージトレーニングを重ねていた。1年前に五輪会場で滑った四大陸選手権の経験が、重要な意味を帯びていた。

「まだやっていないジャンプやエレメンツはたくさんありますが、自分の中では（本番に向けた調整に）計画があります。個人戦にピークが合うように、しっかりやっていきたいです」

照準は個人戦での連覇に絞り、覚悟もできているようだった。

NHK杯の公式練習で転倒し、右足首を負傷してからは、一度も公に滑っているところを披露したことがなかった。ぶっつけ本番で連覇をかけた平昌五輪のショートが2017年10月のロシア杯以来、約4カ月ぶりの実戦になる。ショートはこの時点で最終の第5組の1番滑走になることが決まっていた。4年前のソチ五輪は第4組の1番滑走で、100

点超えをマークしている。流れは悪くない。

羽生選手がショートに挑む前、他競技も含めた日本選手団は、この大会でまだ金メダルを一つも獲得できていなかった。前日練習を終えた羽生選手は取材を受けるミックスゾーンで、そのことを問われると、「いえ、とくにないです」と言ったあとに力を込めた。

「誰が獲ろうが、僕も獲ります！」

③渾身のショート、鍵を握った4回転サルコウ

2018年2月16日。羽生選手は濃い紫を基調としたフェンスに覆われた江陵アイスアリーナのリンクに立っていた。

平昌五輪の男子ショート本番。演じるプログラム曲は2シーズンぶりで、自身も「大好き」と話すショパンの『バラード第1番』だ。

ピアノの旋律に乗って世界歴代最高得点を塗り替えてきた必勝のプログラムで、いよいよ五輪連覇への道が始まった。

会場内の至るところに、英語表記「PyeongChang 2018」、そして、五輪のマークが目立

つように配されていた。

五輪を取材するのは、世界各国のテレビ、ラジオ、新聞、雑誌などの記者たちだ。「取材パス」が発行されたメディアしか、取材は許されない。セキュリティでは顔認証が行なわれ、テロ対策などを兼ねて、厳重な警戒が敷かれている。

会場内には「記者席」が設けられ、本来は取材パスがあれば、取材が可能ではあるが、羽生選手の連覇がかかる男子フィギュアはこの大会で随一というほどの注目を集めていた。このため、希望するメディアの数が記者席数を上回る可能性が高く、あらかじめ制限がかかっていた。

日本オリンピック委員会（JOC）を通じて、日本メディアはほぼすべての社が1枚をなんとか確保するのが精いっぱいの状況だった。観客の入場チケットだけでなく、記者席に入るための取材パスもプラチナ化されていたのだ。

羽生選手のショート、もっと言えば「五輪連覇」の行方は最初のジャンプである4回転サルコウにかかっているというのが、筆者の見立てだった。

約4カ月ぶりの実戦で跳ぶ最初のジャンプゆえに、流れを大きく決めると考えていた。実際、「最初の4回転サルコウが決まれば、羽生選手は乗っていける」と話す関係者もいた。

本番当日の朝に行なわれた公式練習で、羽生選手は10本続けて4回転サルコウを試みていた。序盤は安定感を欠いていた。しかし、百戦錬磨の絶対王者は自らの修正ポイントを熟知していた。最後の4本を続けて着氷させて、本番への臨戦態勢を整えた。

迎えた本番のジャンプは完璧だった。わずか1カ月ほど前まで、氷の上に立つことができなかったということが信じられないほどのパフォーマンスだった。

演技冒頭で鮮やかに降りた4回転サルコウは、当時3点満点だったGOE（出来栄え評価）で2・71点を獲得するほど高いクオリティで決めた。残る2つのジャンプは基礎点が1・1倍になる後半に並べた。得意のトリプルアクセルを難なく決め、4回転－3回転の2連続トウループは3回転で難度を高めてGOEを稼げるように両手を上げて跳んだ。トリプルアクセルで満点の3点、連続ジャンプで2・57点のGOEを上積みした。

演技終盤は複雑なピアノの旋律に乗ってステップを刻み、スピンで魅了した。ぶっつけ本番で迎えた五輪とは思えないような圧巻の演技だった。

羽生選手の演技に、観客の視線も釘付けだった。観客席のあちこちで日の丸が揺れ、アリーナは大歓声に包まれた。

４回転サルコウは連覇の鍵を握る大事なジャンプでもあった。ショートで４回転ループではなく４回転サルコウで勝負することを想定したのは、勝つために練られた戦略だった。同じ４回転でもループに比べて、サルコウの基礎点は1・5点下がる。それでも、羽生選手のきれいなジャンプはGOEによる加算というアドバンテージを得られる。

振り返れば、このシーズンの初戦だった17年9月のオータム・クラシックでは冒頭の４回転をループではなくサルコウで跳び、１１２・72点の世界歴代最高得点を塗り替えていた。

だからこそ、４回転サルコウを選択しても、勝つための自信は少しも揺らいではいなかった。

◇

羽生選手が牽引してきた男子フィギュアは、この４年間で飛躍的にレベルが上がった。４年前のソチ五輪のショートで、羽生選手は世界で初めて１００点台の大台に乗せた。五輪での大台突破は羽生選手だけだった。今回は、その背中を追ったスケーターたちが１００点台に乗せてきた。しかも３人も。ハビエル・フェルナンデス選手が１０７・58点で２位、宇野昌磨選手が３位で１０４・17点、ボーヤン・ジン選手が４位で１０３・32点。

一方、優勝候補の一角とされたネイサン・チェン選手は、82・27点で17位と大きく出遅れた。これが、五輪の怖さでもある。

そして、1位は111・68点をマークした羽生選手だった。圧倒的なスコアで2位に4点差以上をつけて、頭一つ抜き出た。五輪のリンクを完全に支配した王者の舞だった。

「今日の朝、曲をかけたときに（4回転）サルコウを失敗しちゃって、若干の不安がありましたが、調整法も含めて、（右足首の負傷によって）練習ができない間、いろいろと書籍や論文などでも調整法を勉強していました。そういったものが出せてよかったなと思っています」

土壇場で漕ぎつけた4回転サルコウの修正は、ケガの影響と決して無関係ではなかった。韓国入り後の公式練習でも、ジャンプを納得いくまで跳ぶことはできなかった。

「ずっと本数制限もやっていたので、身体が動いていない部分だとか、脳みそが覚えていない部分とかいろいろとあったと思います」

その中で、知識を呼び起こし、感覚を蘇らせていく。羽生選手は「その部分をちょっと刺激してあげるような感じでやってきました」と、いともたやすく修正したように振り返ったが、それを可能にしたのがたゆまぬ努力に裏打ちされた「王者の経験値」だった。

「練習どおりに、自分の身体が覚えていると思っていました。それはサルコウだけでなく、トウループも、アクセルも。ほんとに何年間もずっと一緒に付き合ってくれたジャンプなので。そういった意味では感謝をしながら（本番で）跳んでいました」

ショートに組み込んだ3種類のジャンプへの自信をのぞかせた。

もう一つ、約4カ月ぶりの実戦でのほぼ完璧な演技を後押ししたのが、会場の雰囲気だったという。

「今日はブライアンも（リンクサイドに）立ってくれていて、ジスランも立ってくれていました。何よりも、久しぶりにみなさんの声援を聞くことができて、『ああ、帰ってきたんだな』と思っていました。スケートを滑る幸せな感じを久しぶりに試合で味わうことができました」

演技での緊張はなく、心地よい空間に身を置いていたという。

「滑り終えたとき、とにかく満足という気持ちがいちばんですかね。得点に関しては、とくに何も思っていないです。得点とかそういうことではなく、今日の自分のコンディションの中でできることをやったなと思っています。あとはまだ、明日（フリー）があるという気持ちが頭の6割近くを占めているので、しっかり明日に向けて調整したいなと思っています」

ショートで羽生選手は実戦の「ブランク」という不安要素を一つ打ち消した。フリーでは、もう一つの「不安」を打ち消す作業が待っていた。それが、スタミナである。

ショートの演技時間が2分40秒であるのに対し、当時のフリーは4分30秒。ジャンプも8本跳ばなければいけなかった。心配されていた「不安」は、そのために必要な演技のための体力をどこまで回復させているか、という点にあった。

実際、ケガをしてから氷上での練習を再開した18年1月まで、スケート靴を履いて氷に立つ感覚を確かめることができなかった。それは紛れもない事実だった。

しかし、羽生選手は氷に立てない時間を無駄にはしていなかった。トロントで過ごした約3カ月。羽生選手がショート後の会見で口にしたように、書物に目を通して調整方法を理論立てることも一つだっただろう。さらには、氷上でできないなら、足の負傷で下半身への負担をかけることができないなら……と頭をめぐらせ、自分にできることと向き合っていた。

氷上に立てなくても、ショート、フリーの曲を流し、上半身だけの動きを繰り返した。筋力の衰えを抑え、維持していくためにゴムチューブなどを使ってインナーマッスルを鍛えてきた。残るフリーは、その成果を発揮するための舞台だった。

そして、ショートを終えた時点でトップに立った羽生選手は、金メダル獲得の「懐刀」を手にした。それが、4回転ループだ。

ショート後に行なわれた上位3選手による記者会見で、フリーで何本の4回転ジャンプを跳ぶかを問われた羽生選手は、「明日（フリー）のことについては、まだしゃべるつもりはありません」と煙に巻き、4回転ループ投入の有無はベールに包んだ。賢明な選択だったといえる。

フリーのジャンプ構成は五輪連覇の鍵を握る。簡単に明かすわけにはいかない。

もしも、フリーで4回転ループを跳べば、基礎点が上がる。ショート1位の羽生選手の基礎点は、2位以下の選手たちにとって、金メダルを狙う上で意識せざるを得ないものである。羽生選手が韓国入りして以降、報道陣も羽生選手がどんなジャンプ構成で五輪本番を迎えるかは、大きな注目点だった。韓国入り後も、何度か「4回転ループ投入」について質問が出たが、羽生選手は真正面から答えることはしなかった。

当然だろう。羽生選手が最初から「4回転ループは跳ばない」と宣言すれば、ライバルたちは楽な気持ちで大会に臨めたはずだ。フリーでの投入の有無がわかれば、逆転のシナリオも描きやすくなる。自らの演技構成も落として、ミスが少ない演技で勝負するなど、戦略を立てることができる。だからこそ、4回転ループに関してだけは、口を固く閉ざしていたのだろう。

振り返れば、羽生選手が4回転ループを初めて組み込んだのは、平昌五輪のプレシーズンにあたる2016－17年シーズンだった。

その前年シーズンまでのプログラムに入れていたのは、金メダルを獲得したソチ五輪と同じくトウループ、サルコウと2種類の4回転のみ。それでも充分だったが、さらなる得点の上積み、さらなるレベルアップのために取り組んだのが、4回転ループの実戦投入だった。

羽生選手は「ジャンプ」と「芸術性」というフィギュアスケートのプログラムにおける評価を二者択一してこなかった。どちらも積み上げることで「絶対王者」であり続ける道を選び、五輪シーズンではさらに自身4種類目となる4回転ルッツまで投入した。

世界のトップに立ちながら、足踏みはしない。若手が多種類の4回転で背中を追いかけてくれば、自身の強みであるスケーティングや表現面での優位にあぐらをかくことなく、4回転の種類でも競い合ってきた。

その努力が、平昌五輪のフリーという最後の勝負を前に成果として表われた。王者が懐に忍ばせた4回転ループは、逆転を狙うライバルたちに大きな重圧をかけることになったのだ。

④周到に練った連覇のシナリオ

ドンッ！

江陵アイスアリーナに響く和太鼓の音に合わせるように、羽生選手が両手を広げた。フリー『SEIMEI』のフィニッシュポーズだ。

世界歴代最高得点を2度も塗り替えた伝説の名プログラムで、映画『陰陽師』の世界観をリンクに描き出した。

羽生選手の額には激闘を物語るように汗がにじんでいた。左手をすっと下ろし、天高く突き上げた右手の人さし指だけを立てた「1」が優勝を確信しているようだった。そして、すべてを出しきった23歳の王者は人目をはばからず、泣いたのだった。

4年前のソチ五輪は同じくショート1位ながら、フリーのジャンプで2度の失敗があ

Yukihito Taguchi

り、金メダルの確証が持てなかった。今回は違う。ほぼ完璧な演技は、4年前の雪辱を果たす会心の出来栄えだった。だからこそ、迷いなく「1」を名乗り上げることができた。

「勝ったと思いました。ソチオリンピックのときは勝てるかなっていう不安でしかなかったですが、今回は自分に勝てたというふうに思いました」

演技冒頭から圧巻だった。4回転サルコウとトウループはGOE（出来栄え評価）が満点の3点だった。美しいジャンプはジャッジをうならせるに充分だった。4回転は後半のトウループ以外の3本を決めた。

4分半の熱演は、実戦離れからくるブランクとの戦いでもあった。8本目となる最後のジャンプは演技終盤に待っていた。負傷したときに跳んだルッツを3回転で跳ぶ構成だ。着氷時、バランスが崩れた。前のめりになった。

よもや、転倒か——。いや、倒れなかった。

羽生選手は、痛めた右足で必死にこらえた。負担を最小限に抑えて調整をしてきた右足が金メダルをたぐり寄せた。

演技を終えた羽生選手がリンクを出る前、上半身を折り曲げるようにして右足首を丁寧にさすっていた姿が印象的だった。

「もう右足で、やっぱりルッツ跳ぶのがいちばん大変なので、右足が頑張ってくれたなという思いが強いです」

患部の痛みが完全に消えたわけではなかった。回復に効果があるとされた機器を日本からトロントに取り寄せるなど、やれることは何でもやった。出場を信じる羽生選手は1月上旬、周囲にも「僕はどんなことがあってもやります。絶対に優勝してみせます」と言いきった。

「スケーターとしてできることを探ってきました」

達成感、充実感、そして王者のプライドを守った安堵――。五輪の舞台で雪辱を果たす文句なしの金メダルに、羽生選手は「自分の人生史上、いちばん幸せな瞬間でした」と笑みがこぼれた。

国内外の主要大会では、メディアに対して選手の演技構成表が事前に配布される。羽生選手のジャンプ構成を真っ先に確認すると、4回転ループが入っていなかった。近くにいた記者たちが顔を見合わせた。

「勝負に徹するプログラムですね」

羽生選手は演技後、記者たちの分析が間違っていなかったことをこのような言葉で振り返っている。

「とにかく、今日、起きた時点で（演技構成を）考えようと思っていました。幸いにも、僕はいろいろなオプションを持っています。選択肢がたくさんある中で試合に臨めたことは、ある意味でケガをしてしまったからだとも思います。スケートができなかった期間があったからこそ、作戦を学べたということもあります」

振り返れば、羽生選手の連覇への軌跡は、「感動的な期待以上の演技を見せる絶対王者」という顔と、「勝つための戦略を描くリアリスト」という顔の二面性があった。

2014年の中国杯で負傷したあとのNHK杯は、コンディションが悪く、優勝できる状況ではなかったはずだ。しかし、羽生選手の目的は「連覇がかかるグランプリ（GP）ファイナルへの出場権」だった。そのために構成を変えてでも滑りきり、見事に出場切符をつかみ取って、GPファイナルで結果を残した。

平昌五輪もそうである。4回転ループという武器を忍ばせつつも、ショートで2位に4点差以上の優位に立ったとき、「勝つ」ために必要な戦略、戦術を冷静に見極めていた。

ベストな選択は何か、勝つための選択は何か――。

それこそが、4回転をサルコウ、トウループの2種類で勝負するという決断だった。

「ルッツ、ループをずっと挑戦し続けてきたからこそ、選択肢を持つことができました。もしも、挑戦をしていなかったら、『構成を落としてやってきた』という自信にならないと思ったので、やっぱり一つとして無駄なことはないなとあらためて実感させられました」

何より、ジャンプの構成をベストにしなくても、他を圧倒する表現力を備えていた。そして、多種類の4回転時代の「絶対王者」として、史上初めて4回転ループを跳び、五輪シーズンに4回転ルッツも決めた。

最初から4回転の種類を増やさないのではなく、オプションとして持ち、若い選手と同じように4回転の種類を増やす努力を積み重ねてきたからこそ、誰もが称賛する五輪連覇になったのだった。

もちろん、フリーを滑りきるまでの道は平坦ではなかった。

「前半は丁寧にいったっていうか、（演技直前の）6分間練習でサルコウが不安だったので、とにかくサルコウさえ降りることができれば、前半の感覚で後半も跳べると思っていました。昨日（ショート後）も言いましたけど、やっぱりサルコウもトウループもアクセルもすべて何年間もやってきているので、身体が感覚を覚えてくれていました」

構成を決めたのは、いつだったのか。羽生選手は、フリー当日の朝の公式練習前に、「自分で決めました」と明かした。

オーサー・コーチやブリアン・コーチをはじめ、絶対王者にアドバイスや助言をくれる人はいる。しかし、自立したスケーターとして、何より自分が五輪連覇に挑むという当事者として、悔いのない決断を自ら下していた。

「4回転ループを跳びたかったか」という質問にも、「いえ、跳びたいとか跳びたくないという前に、何より勝ちたかったということです」と首を横に振った。

そして、羽生選手はこう言った。

「自分の中では、勝たないと意味がないというふうに思っていました。この試合はとくに。これからの人生において、ずっとつきまとう結果なので、ほんとに大事に結果を獲りにいきました」

ソチ五輪後、一気にジャンプの難度が高まった時代をともに戦ってきた選手たち、背中を追いかけて刺激を与え続けてくれた選手たちへのねぎらいも忘れなかった。

「僕が（レベルを）引き上げたとは思っていないです。最初に扉を開いたのはボーヤン（・ジン選手）だし、なんとか僕もその限界を超えようと思って彼を追いかけてきただけです。そうしたら、みんなも強くなっていって、ネイサン（・チェン選手）という選手が出てきて、そして宇野（昌磨）選手という素晴らしい日本の選手が出てきて、本当に僕は時代に恵まれたスケーターだなと思っています。ありがとうございました」

羽生選手にたたえられた若いライバルたちは、五輪という4年に一度の大舞台で勝つ難しさを、胸に刻み込んだのではないだろうか。たとえば、ショートで17位と出遅れたチェン選手は明らかにいつもの調子ではなかった。

五輪には魔物が棲んでいる――。使い古された言葉ではあるが、「たら、れば」が許されない一発勝負の世界で涙をのむアスリートは多い。

「僕はオリンピックを知っている」。こう言いきった羽生選手が鮮やかな復活劇で、強さを証明した五輪連覇だった。

じつは、羽生選手が首からさげたのは、冬季五輪通算で1000個目という節目の金メダルだった。

「僕にとって、金メダルは金メダル。いろんなものを犠牲にして頑張ってきたご褒美だと思っています。それにしても、漫画の主人公にしては、ちょっと出来過ぎなくらい、設定がいろいろありましたね」

フィクションでは描ききれないほどの物語が一つの終焉を迎えた。

Yukihito Taguchi

⑤夢の続き、前人未踏の4回転アクセルへ

羽生選手の金メダル獲得は日本中に感動と元気をもたらした。平昌五輪会場の熱を、羽生選手の努力のエピソードを、これまでの4年間を、さらに深く幼少期からの羽生選手を、さまざまな角度からの記事が次々と出稿されていく。その一部はインターネット上で、現地でも目を通すことができた。

ともに取材を重ねた各社の記者の記事が、たくさんウェブ上にアップされていた。スポーツ担当だけではなく、社会部の記者、さらには海外が羽生選手の連覇をどう扱ったかを配信する外信部の記者もいた。

スポーツ紙はもちろん一面を飾り、一般紙も破格の扱いで報じていた。記事の出稿は、深夜にまで及んだ記者がほとんどだった。五輪期間中の記者は気持ちが高揚していることもあって、睡眠不足という感覚が麻痺している。この日は、筆者も目が冴えわたっていた。

◇

羽生選手は金メダルを獲得したフリー翌日の2月18日も「一夜明け会見」に応じてい

た。会場はＪＯＣがメダリストによる記者会見を催す「ジャパンハウス」。会見場には、日本だけでなく、海外のメディアも多くいた。世界的なニュースだということが印象づけられる場面だった。

羽生選手は連覇を果たした翌日の心境を聞かれ、次のように語った。

「昨晩はありがとうございました。ソチオリンピックのときと違って、非常にたくさんの思いを込めて、この金メダルを獲りにいきました。そして、最終的に自分が思い描いていた結果になり、金メダルを（首から）かけていることが本当に幸せです」

この会見に臨む記者たちは、筆者も含めて、羽生選手の「今後」が気がかりだった。五輪を節目に引退や競技の第一線から退く選手は多い。ピークを合わせた五輪の結果がどうであっても、次の4年を見据えることが難しいと考えるアスリートが多いからだ。

羽生選手は19歳で金メダルを獲得したときは年齢的にも若く、本人も五輪連覇を目標にしていたことで、平昌五輪までの現役続行は規定路線とみられていた。

平昌五輪後については、このシーズンのＧＰシリーズ初戦となったロシア杯後の取材で、将来的に競技会の場で4回転アクセルを跳ぶという目標を掲げていたが、本人の口からどんな言葉が語られるかはわからなかった。

羽生選手はこうした中、今後について自ら口火を切った。

「3連覇にトライするか、わからないですが、いま、僕は本当にこのタイトルに満足をしています。やるべきことはやれたなという実感があり、すがすがしい気持ちはあります。ただ、とりあえず、スケートをやめる気はまだありません」

理由は明快だった。

「まだやりたいことが、スケートに残っていると思うからです。一瞬、(ほかにやりたいことがあるか)考えましたけど、一周まわってきて、やっぱりスケートのことだったので。今までの人生をスケートに懸けてきて、ほんとによかったと心から言えます。また、これからもうちょっとだけ、自分の人生のためにスケートに懸けてみたいなと思っています」

ファンの期待に応え、ライバルの道標であり続けたキャリアから、今後は「自分のためのスケート人生」へと舵を切ろうとしていた。世界歴代最高得点という数字にも惑わされない。そんな羽生選手が打ち出した挑戦こそが、4回転アクセルの成功だった。

「4回転アクセルをやりたいなと思っています。小さいころの自分だったら、『前人未踏のジャンプだから(跳びたい)』と話すと思いますが、いまの僕の気持ちとしては、かけてきた思いや時間、練習の質も量もすべてがどのジャンプよりも多いのが、アクセルジャンプです。何よりも、僕の恩師である都築（章一郎）先生が『アクセルは王様のジャンプだ』と言っていたので、そのアクセルジャンプを得意として、大好きでいられることに感謝しながら、次は4回転アクセルを目指したいと思っています」

いくつかの質問のあと、筆者も挙手をした。聞きたいことがあった。「次なる目標への挑戦の時期」についてだった。

「自分のためにもう少しスケートを続けるということでしたが、4回転アクセルに挑むモチベーションはすぐに湧いてきますか？　ソチオリンピックのあとの羽生選手は休養を挟むことなく、次のシーズンからリンクに立ちました。このあとは、一時的に『休む』という選択肢はありますか？」

羽生選手はしっかりと目を見て答えてくれた。「足首次第です」。そして、じつは回復できてきたとみられていた右足首は、依然として危機だったことを明かしてくれた。

「痛み止めを飲んで、注射が打てればよかったのですが、打てないような部位だったので、痛み止めをなんとか飲んで（出場した）という感じでした。はっきり言えることは、いまはまだ痛み止めを飲まない状態では、ジャンプを跳ぶことも降りることもできない状態だということです。ですから、治療の期間がほしいとは思っています。それが、どれくらい長引くのかはわかりません」

羽生選手によれば、当初の3〜4週間で回復の見込みという思惑は、損傷した靭帯の部位や患部があまりに複雑で、どこまでが痛んでいるのかを把握することさえもわかりにくく、最善の治療を見いだすことが難しかったという。

それゆえに、五輪期間中も痛み止めを飲んで戦いの舞台に立っていたという「新事実」を明かしてくれた。さらに、足首の回復期間がわからないと答えた羽生選手は、つい先ほど「自分のために」と話していたにもかかわらず、頭の中でファンのことをめぐらせて言葉をつないだ。

「アイスショーのこともありますから。せっかく金メダルを獲ったからこそ、すぐにみなさんに笑顔になってもらえるような演技がしたいと思っています」

そして、羽生選手らしい言葉で筆者からの質問を締めくくった。

「スケートをやめたいとはまったく思っていません。モチベーションはすべて、もう4回転アクセルだけですね。獲るものは獲ったし、やるべきこともやったと思っています。あとは小さかったころの自分が思い描いていた目標ですね、夢じゃなくて、目標をかなえてあげる。それだけかなと思っています」

Joe Kobashi

第6章

4回転アクセル、不屈の闘い

①史上最年少で国民栄誉賞に輝く

日本に帰国した羽生選手は18年4月13日、五輪連覇の凱旋報告を兼ねたアイスショー「Continues ~with Wings~」(コンティニューズ・ウィズ・ウィングス)で平昌五輪後、初めて公のリンクで滑った。

ショーの舞台となった会場は、東京都調布市の武蔵野の森総合スポーツプラザ。平昌五輪の日本代表最終選考会を兼ねた全日本選手権が行なわれた会場に姿を見せると、「みなさんの前に立てて幸せです」と笑顔であいさつした。

ショーの公式ホームページには、趣旨が以下のように記されていた。

私がスケーターとして成長をしていく中で、影響を受けた、そして、影響だけでなく、いろいろなものを、受け継がせて頂いた方々にご出演頂きます。

そのつながりに対する感謝の気持ち、誰も一人ではできない、何かのつながりがあって、生きていく。

スケートを通して受け継ぎ、伝えていく。

偉大なスケーターの方々の演技をご覧頂き、その〝継承〟を皆様が感じて下されればと思っています。


タイトルも自身が悩み抜いて命名したと紹介されていた。

羽生選手以外の出演者は、トリノ五輪男子金メダリストのエフゲニー・プルシェンコ氏、羽生選手の多くのショートプログラムの振り付けを手がける元世界王者のジェフリー・バトル氏、アイスダンスの元世界チャンピオンで羽生選手の『ＳＥＩＭＥＩ』などを振り付けたシェイ＝リーン・ボーンさん、日本でも数々のショーに出演するジョニー・ウィアー氏、都築章一郎氏の門下生であるペアの川口悠子さんがアレクサンドル・スミルノフ氏とともに、そして現役を引退したばかりの無良崇人氏、さらに羽生選手がスケートを始めるきっかけになった日本人初の世界選手権銅メダリスト・佐野稔氏も名前を連ねた。

羽生選手は五輪後の3月に開催された世界選手権を右足首の治療を理由に欠場し、3週間の安静を経て、リハビリや氷上での練習を再開してきた。当初はショーへの出演はトークコーナーのみで予定されていた。ところが、フィナーレの前に姿を見せた羽生選手はジャンプこそ跳ばなかったが、平昌五輪のショート『バラード第1番』をスピンやステップを織り交ぜて熱演。ほかにも「自らのルーツ」と紹介した『ロシアより愛をこめて』などで魅了した。

新たなシーズンに向けては、「まだプログラムは決まっていませんが、試合に出ることは決まっています。なるべく早く始動し、たくさんの試合に出て、自分の演技をしたいです」と意気込みを語った。

五輪連覇を成し遂げた羽生選手は、「これまではどうやって、勝てるプログラムをつくるか」に神経を注いできたが、「これからは、自分の気持ちに正直に、自分がやりたいと思う曲や見せたいと思うプログラムを考えながら選曲して、振り付けもしていただきたいなと考えています」と心境の変化を口にした。

その9日後の4月22日には、故郷・仙台で行なわれた凱旋パレードで10万人を超える市民やファンの祝福を受けた。殊勲の金メダルを首からさげた羽生選手は、沿道に詰めかけたファンの祝福に晴れやかな笑顔で手を振って応じ、感謝の気持ちを伝えた。

「おめでとう」「ありがとう」――。

視界の先は360度見回しても、人、人、人。そして、たくさんのぬくもりのある言葉が投げかけられた。羽生選手がもたらした歓喜に、今度は自身も元気をもらったという羽生選手が、「みなさんの応援を受け止め、それに応えて金メダルを獲ることができたんだという実感が湧きました」と目尻を下げた。

そして、4月26日に東京都内で開催された日本スケート連盟優秀選手表彰祝賀会後の取材では、「まだ練習でも跳べていない4回転アクセルを決めたいですし、それができるようになったら5回転にも挑戦したいです。誰もやったことがないので、簡単なことではないとわかっていますが、いつかはできるように練習を積んでいきたいです」と、まだ国際スケート連盟（ＩＳＵ）が成功者を想定しておらず、基礎点も設定されていない大技への野望を口にした。

◇

いったんカナダ・トロントに戻った羽生選手はリハビリを経て、5月25日には自身が主役を担う恒例のアイスショー『ファンタジー・オン・アイス』で再び公の場に姿を見せた。

順調にケガから回復をしてきたとみられ、人気デュオ『ＣＨＥＭＩＳＴＲＹ（ケミストリー）』の歌に乗せて、トリプルアクセルや3回転トウループを美しく跳んで観客を魅了した。公の場でジャンプを跳ぶのは、2月の平昌五輪のエキシビション以来だった。

新たなシーズンのプログラムは公表を控えたものの、すでにショート、フリーともに曲を決めたということを明かした。

◇

6月1日、羽生選手はまた一つ、大きな勲章を手にした。それが、個人としては史上最年少での国民栄誉賞である。フィギュアスケート男子66年ぶりとなる五輪連覇を果たし、まさにスポーツの枠を超えた存在となった。

アスリートとしての活躍に加え、東日本大震災の被災地支援にも取り組んだ。こうしたことが受賞へとつながった。

羽生選手は日本スケート連盟を通じてコメントを出した。

「大変名誉ある賞をいただき、身に余る光栄です。

私がスケートを続けていられることも、日本のフィギュアスケートがこれほど脚光を浴び続けていることも、フィギュアスケート界の偉人の方々がこれまで切り開いてくださったからこそだと感じております。

そして、冬季競技として、今回の平昌五輪において、多くの方々の素晴らしい活躍があったからこそとも感じております。

また、被災された方々からのたくさんの激励や想い、今まで一人の人間として育ててくださった全ての方々の想いがこの身に詰まっていることを改めて実感し、その想いが受賞されたのだと思っております。

皆さまの期待を背負い、まだ続く道を一つ一つ丁寧に感じながら、修練を怠ることなく、日々前に進んでいきます。この賞が被災地やスケート界にとって明るい光になることを願っております。

育ててくださった方々、いつも応援してくださっている皆さまに心からの感謝を申し上げます。本当にありがとうございます」

五輪連覇で手にした栄光、そしてたくさんの勲章を、いったん胸にしまい込み、新たな挑戦が始まろうとしていた。

②再び芽生えた勝利への執念

平昌五輪の翌シーズンはフィギュアスケート界でもある動きがあった。４年を一つの周期として、ルールの改正などを行なう競技は多い。

フィギュアでも、4年後の五輪を見据えていくつもの変更があった。

主要な点は、まず男子ではフリーの演技時間が4分半から4分に短縮され、それに合わせて8本跳べたジャンプも7本になった。

ジャンプの本数が減少する一方、4分間に詰め込む要素はより濃密なものになっていく、と指摘する関係者もいた。

さらに、五輪前に別の関係者が「4回転のジャンプコンテストになってきた」と危惧したように、ジャンプに傾倒することを懸念したとみられるジャンプの基礎点引き下げも実施された。6種類あるジャンプの4回転は、総じて0・8～2・5点下がった。また、繰り返し跳べる4回転ジャンプも1種類に制限された。

基礎点が1・1倍になる演技後半のジャンプもショートは1本、フリーは3本だけに制限された。

一方で、GOE（出来栄え評価）はこれまで最高がプラス3点、最低がマイナス3点と7段階だった評価がプラス5～マイナス5までの11段階へと広がった。

◇

こうした中、夏の恒例行事が訪れた。羽生選手は2018年8月30日、練習拠点のトロントで五輪後初となる練習公開を行なった。

新たなシーズンのプログラムも発表し、ショートは、羽生選手が尊敬する元全米王者のジョニー・ウィアー氏がフリーで使っていた『秋によせて』を選曲し、フリーは『Ｏｒｉｇｉｎ（オリジン）』と発表した。

フリーは、羽生選手が幼少期に髪形まで真似たほど好きだったエフゲニー・プルシェンコ氏の代表的なプログラム『ニジンスキーに捧ぐ』がモチーフとなっている。このプログラムを演じたプルシェンコ氏に魅了され、当時の羽生少年は「この世界で1番になりたい。オリンピックで金メダルを獲りたい」と夢を思い描いたという。

トロントで取材に応じた羽生選手は「いまでも頻繁に動画を見ます」と話し、「ずっと演じたかったプログラムでした」と打ち明けている。

英語で「起源」を意味する『Ｏｒｉｇｉｎ』には、原点に回帰して「スケートを楽しみたい」という純粋な心境が表われていた。選曲に際してはプルシェンコ氏に連絡を入れ、「ぜひ、頑張ってね」と背中を押されたと話していた。

公開練習でもフリーを披露し、4回転はループ、サルコウ、トウループと3種類を着氷させた。平昌五輪では回避した4回転ループを組み込んでおり、右足首が順調に回復していることをうかがわせた。

このフリーに4回転アクセルを組み込むのか――。

それが、最大の注目点でもあった。

羽生選手は以前から補助器具のハーネスを使って4回転アクセルの習得に励んでいるが、この時点ではまだ練習でも着氷に至っていないことを明かした。

「かなり練習をしないといけないです」と断った上で、このシーズン中の成功を目指し、冒頭のジャンプを変更するプランも立てていた。

自分のために、そして、最大のモチベーションである4回転アクセルをフィギュア史上に刻むために――。

そんな明るい前途で五輪翌シーズンを迎えた羽生選手に、再び〝勝負師〟として勝つことへの執着が生まれる事態となっていく。それが、シーズン初戦のオータム・クラシックだった。

◇

原点に戻って、スケートの楽しさを追求し、その先に前人未踏の「4回転アクセル」成功を掲げた五輪連覇後のスケートキャリア。18年9月、羽生選手は初戦の地、カナダ・オークビルにいた。北米の小さな都市は、羽生選手の練習拠点であるトロントからは目と鼻の先にあった。

平昌五輪から約7カ月が経過し、ショートもフリーもプログラムを一新して新シーズンを迎えた。

進化の片鱗を見せたのは、ショートの冒頭で跳んだ4回転サルコウだった。

同じ拠点で切磋琢磨してきた元世界王者のハビエル・フェルナンデス選手が得意な片足ターンからの難しい入り方で跳び、柔らかな着氷でこのシーズンから最大5点になったGOEで3・49点を得た。

羽生選手は、トリプルアクセルの入りと、さらには着氷後にも難しい連続の片足ターンを組み込み、新ルールのGOEを追い風にする戦略が見てとれた。

一方で、3つのジャンプはすべて前半に跳び、足替えシットスピンは要素を満たせずに0点と評価されてしまう。

「あぁー」。悔しさをのぞかせた羽生選手は、フリーでも満足な演技とはいかなかった。

4回転サルコウで転倒し、コンビネーションで予定した4回転トウループも2回転で降りた。五輪時より30秒短くなったフリーは、羽生選手も懸念したように、要素を詰め込んだ構成にならざるを得なかった。「このプログラムに対する体力がまだなかった」と悔やんだ羽生選手は、ショートの点差で逃げきったものの、会心の優勝ではなかった。

「勝たないと意味がないですね。オリンピックが終わって、抜けていた気持ちの部分で、また自分の中に火がともりました」

絶対王者として、世界歴代最高得点を連発した当時の羽生選手にとっても、敵は己の中に存在していた。しかし、それは、ライバルたちよりも頭一つ抜き出ているという結果が前提だった。

羽生選手はいつも柔和な表情で、礼儀正しく、人間的にもお手本のようなアスリートだ。しかし、内面に湧き立つ勝利への飽くなき執着心は、もう一つの大きな魅力である。

「勝たないと意味がない」

スケートに慣れ親しんでいく幼少期に得られた「楽しさ」に加え、ライバルたちを圧倒して頂点に立ってきた「勝利」の美酒の味も、世界の頂点に立つために必要な原点だったことを再認識しているようだった。

約1カ月後となる18年11月2～4日のグランプリ（GP）シリーズ、フィンランド大会で五輪王者の強さを見せつけた。

観客席には日本からも多くのファンが駆けつけていた。ショート『秋によせて』は、王者が演じるにふさわしい重厚感を漂わせる。

演技冒頭の4回転サルコウは、新ルールで最大5点を得られるようになったGOEで4・30点と驚異的だった。連続ジャンプも基礎点が1・1倍になる演技後半へ移し、スピンやステップでピアノ曲が盛り上がる後半の演出を妨げることなく得点力をアップさせた。

106・69点。ショート、フリー、合計の3つの世界歴代最高得点を旧ルールの「置き土産」とした羽生選手が、新ルールでもシーズン最高得点、すなわち新ルールにおける世界最高のスコアをマークしたのだった。

フリーは、もはや独壇場と言ってよかった。

プルシェンコ氏の伝説のプログラムを継承した『Origin』では、演技後半に最大の魅せ場が組み込まれている。

ともに高さ、幅、そして空中姿勢が超一級品とされる4回転トウループとトリプルアクセルのコンビネーションだ。決まれば、ISU公認大会初となる高難度の連続技でもある。技のつなぎで足を踏み換えるため、「ジャンプシークエンス」の扱いとなって基礎点が0・8倍に抑えられるが、オータム・クラシックの構成で入れていた2回転を跳ばなくてよくなり、結果的にはプログラム全体の基礎点は上がる。なにより、世界初の高難度なコンビネーションは見る者をワクワクさせる。

3つの連続ジャンプすべてを基礎点が1・1倍になる後半に組み込むタフな構成を、転倒なく滑り終えた。文句なしの優勝は、意外にもシニアデビュー9シーズン目にして初めてのGPシリーズ初戦制覇でもあった。

◇

スケートを楽しみ、そして勝つ――。五輪後のスタイルが見えてきた羽生選手はGP2戦目の地、新フリーの源流ともいえるロシアへと足を踏み入れた。

GPシリーズ連勝を飾れば、2シーズンぶりのGPファイナル進出が決まる。五輪シーズンは、右足首負傷のアクシデントによって、出場すらかなわずに男子史上初となる5連覇の野望が途絶えた。リベンジの舞台は、すぐそこまで迫っていた。

フリーは、この地の英雄でもあるプルシェンコ氏から継承した曲を披露することになる。どんな評価を得ることになるのか。会場には、ショートの源流となるジョニー・ウィアー氏のプログラムを振り付けたタチアナ・タラソワさんの姿もあった。

ショートの演技は圧巻だった。

「指先や表情、一つ一つの音の感じ方を大事にしました。表現面はよくできたと思います」。こう手応えを口にした演技構成点が、5項目中4項目で9点台後半となり、表現者としての存在感を際立たせた。ジャンプでは、ルール改正後のスピンとステップすべてで初めて最高難度のレベル4を獲得した。

いよいよ迎えるフリーで、王者はどんな評価を得られるかを楽しみにしていた。

そんな矢先、またも不運が訪れた。

フリー本番の18年11月17日。公式練習でフリー曲をかけて調整をしていた演技の冒頭で、4回転ループの着氷に失敗。右足首を内側にひねり、そのまま氷上にうずくまってしまった。演技をストップし、練習時間を約15分残してリンクを後にした。

本番前のアップもままならない中で、直前の6分間練習に遅れてリンクへ入ることで消耗を防ごうとした。幾度もケガやアクシデントを乗り越えてきた羽生選手には、危機的状況の中にあっても試合への入り方、勝負への徹し方がたたき込まれていた。

「転倒してすぐに『いっちゃったな』とわかりましたので、『ここで何をしようか』と確認作業をしました」

大歓声に迎えられた演技本番の冒頭は、4回転ループを回避して、サルコウを跳んでいる。突然の構成変更は「(ケガ直後に氷上でうずくまった)あのときに組み立てました」と打ち明けた。

頭をフル回転させた構成にもかかわらず、4回転サルコウ、続いて4回転トウループを落ち着いて決めて、GOEをそれぞれ3・60点、4・34点と積み上げた。回転軸の細く美しいジャンプだった。

土壇場で練り上げた急造プログラムには、「正直、混乱もありました」という。

じつは、今回のフリーには、秘策があった。

羽生選手は以前、男子スケーターでは珍しく、左足を頭上近くまで上げて両手でスケート靴のエッジを持ったまま回転するビールマンスピンを組み込んでいた。柔軟性が求められてこその華麗なスピンで、これはプルシェンコ氏にあこがれて取り組んだことをかつての取材で語っていた。

そのビールマンスピンをフリーで組み込むことになっていたが、負傷によって回避せざるを得なくなった。

手負いの絶対王者はそれでも、強かった。勝ちに徹し、負けなかった。ケガの影響でフリーの得点は伸びなかったが、ＧＰシリーズ連勝を飾った。２０１４年中国杯、その直後のＮＨＫ杯、そして18年平昌五輪に続き、またも負傷のアクシデントを乗り越えた。

「頑張った」

フリーを滑り終えた表情で羽生選手の口元はそう動いた。

フィンランド大会がシニアデビュー後初となるＧＰシリーズ初戦制覇なら、このロシア杯はファイナルも含めてシニアでのＧＰ通算10勝目となった。

優勝会見には松葉杖を突いて登場した。決して楽観視できる状態ではなく、ドクターの判断は「靱帯の損傷は間違いなく、３週間の安静が必要」だった。

足首の内外をともに痛めてしまっており、本来なら棄権が妥当だったのかもしれない。しかし、痛み止めの注射を打ち、患部の感覚が麻痺したままの状態で４分間を滑りきった。リンクから宿泊先のホテルに戻った羽生選手は、患部への負担を少しでも軽くするために足を高く上げた状態で横になっていた。

日本スケート連盟の小林芳子フィギュア強化部長によれば、医師の触診による診断名は「前下脛腓靱帯損傷、三角靱帯損傷、腓骨筋腱損傷疑い」と発表された。

逆境をはね返した「代償」は大きく、ロシア杯のエキシビションの出演を見合わせ、その後のGPファイナル、そして全日本選手権への出場もかなわなかった。

③王者の鼓動、世界選手権に向く

ロシア杯の負傷は、やはり深刻だった。「3週間の安静と患部固定、その後に約1カ月のリハビリ加療を要する見込み」という診断が下され、羽生選手は、日本スケート連盟から全日本選手権欠場が発表された際に、こうコメントを出している。

「全日本選手権に向け、できることを尽くしていましたが、出場することができず非常に悔しく思います。今後、一日でも早く痛みや制限がなくなり、競技に復帰できるよう努めてまいります」

過去2年もインフルエンザ罹患と右足首負傷で出場できなかった。世界に誇る日本の第一人者として、何より自身の演技を楽しみにしているファンへの思いを大切にする羽生選手だからこそ、悔しさがにじむ文言となっていた。

日本スケート連盟は、羽生選手が欠場を余儀なくされた全日本選手権後、実績を考慮した選考基準に則って羽生選手を世界選手権代表に選出した。

この年の世界選手権は5年ぶりの日本開催で、会場は前回と同じく、さいたまスーパーアリーナだった。

ソチ五輪直後の開催だった5年前は、羽生選手が五輪王者として「凱旋」して、初優勝を飾っている。このシーズンはGPファイナル、五輪、そして世界王者とシーズン三冠を果たし、スター街道を突っ走っていった。

今回はどうか。シーズン開幕前には、歴史的な瞬間を目撃できる大会になるのではとの期待も高まっていた。

このシーズン開幕前に、トロントで練習を公開したとき、羽生選手が「跳びたい気持ちが強く、いちばんのモチベーション」と意欲を示していた4回転アクセルについて、取材をしていたメディアでは、「日本開催の世界選手権で実戦投入するのではないか」との憶測が飛び交っていた。

外野の一方的な期待は、18年11月のロシア杯の負傷であえなくしぼんだ。

このころ、じつはすでに、右足首の状態は競技人生を左右する要素となっていた。

羽生選手は18年夏のトロントでの公開練習時、「昨年（重傷を負った平昌五輪シーズンの17年秋）のNHK杯以降、弱かった右足首がさらに緩くなってしまっています。ほんのちょっとの衝撃でも捻挫してしまい、大きなケガになってしまうこともあります」と苦しい胸の内を明かしていた。

ＮＨＫ杯やロシア杯のような公式練習での負傷は、報道陣も目の当たりにしてきた。この言葉からは、加えて普段の練習でも中断を余儀なくされていることをうかがい知ることができた。

五輪連覇も、4回転アクセルへの挑戦も、常にケガのリスクと隣り合わせの状況で向き合ってきたのだった。

羽生選手自身も、世界選手権を前に超大技の成功を翌シーズンへ持ち越すことを表明した。

19年1月11日。この日は、「テレビ朝日ビッグスポーツ賞」の表彰式が東京都内で催されていた。羽生選手はケガもあって欠席となっていたが、映像メッセージを寄せていた。

会場には、羽生選手に絡む取材をするために多くのフィギュアスケート担当記者の姿があった。羽生選手がスクリーンに映し出されたのに続き、直筆のメッセージが披露された。そこにはこう記されていた。

「来シーズンは4Ａ込みのパーフェクトパッケージを目指します!!」

これは事実上、来シーズンの現役続行宣言でもあった。

羽生選手のコメントやメッセージはそれだけで大きなニュースになる。「4回転アクセルは、来季の成功へ意欲」「来季も現役続行に意欲」——。いくつものニュースが直後からインターネット上に配信され、翌日の紙面を飾った。

一方で、世界選手権に向け、ロシア杯後の羽生選手の状況をうかがい知ることができたのは、同じクリケット・クラブに拠点を置く選手が更新したインスタグラムの動画くらいだった。そこでは羽生選手自身が「世界選手権に向けて」調整を進めていることをコメントしていた。

自国開催の世界選手権への出場可否は——。日本スケート連盟は2月中旬、羽生選手サイドとコンタクトを取った。この時期は、10日までアメリカ・アナハイムで四大陸選手権が開催されており、この直後だったという。

2月20日。筆者は日本スケート連盟の理事会が行なわれていた東京都渋谷区の岸記念体育会館1階にある関係者用の談話スペースで待機していた。

ほかにも多くの報道陣の姿があった。談話スペースの奥にある理事会が行なわれた一室からメンバーたちが出てきた。

聞きたいことは、羽生選手は世界選手権に間に合うのか、現時点で出場の意思を示しているのか——ということだけだった。

一進一退の現状を追ってきた平昌五輪前と同じ光景が広がっていた。

この日も小林芳子フィギュア強化部長が対応した。羽生選手からのコメントが届いているということだった。小林フィギュア強化部長はスマートフォンの画面を開き、一言一句を丁寧に読み上げた。

「年明けから氷上練習を始めています。ジャンプについては、世界選手権に向けて調整しています」

秋のNHK杯負傷から劇的な復活劇で制した平昌五輪と、同じく秋のロシア杯負傷からの世界選手権への復帰——。復活への期待が、次第に高まっていた。

④決戦前夜の「暴れ回る炎」

世界選手権の男子ショートが開幕する3日前の3月18日、「羽生番」の記者たちは平昌五輪さながらの動きをした。

トロントからの帰国に合わせ、会場を離れて羽田空港へ向かった。日本スケート連盟の関係者も、羽生選手の安全確保のために到着ゲートで待機した。たくさんの報道陣が集まる様子に、居合わせた一般客も何事かと足を止める。

記者はこうした場合、誰が姿を見せるのかを漏らすわけにはいかない。羽生選手の到着となれば、空港内がパニックになりかねないので、なおさらである。

羽生選手のような有名人の場合、空港側も到着ゲートに出るタイミングを見計らう。一般の乗客がゲートを通過し、人混みがやや解消されつつある状況を待つのだ。

羽生選手が愛用のスーツケースとともに姿を見せた。たくさんのカメラのシャッター音が響き、三脚などの上からテレビカメラがその姿を追う。規制線も張られる中で、羽生選手は、笑顔で報道陣に会釈を繰り返す。これまでの人生で何度もこうした情景を見てきた絶対王者の心は、動揺の様子がなさそうだった。

翌19日は、本番リンクで行なわれた公式練習に参加した。平昌五輪のときよりもブランクが1カ月長い約4カ月ぶりの実戦を翌日に控え、羽生選手はループ、サルコウ、トウループと3種類の4回転ジャンプを次々と披露した。さらにこのシーズンから投入している4回転トウループとトリプルアクセルのコンビネーションも着氷した。

平昌五輪時の最初の公式練習はスローペースだったが、実戦までの日程が過密な今回は、最初の練習でいきなり12本の4回転を降りていた。

練習後に行なわれた日本代表選手による記者会見で、大会に向けた調整や、重点を置いて練習してきたことを聞かれた羽生選手は、次のように答えた。

「試合に向けては、体づくりから始めました。やはり（右）足首の状態もまだ完治していませんが、まずは試合に出られる状態に戻すことを重点的にやってきました。ここまで、多くの方々のサポートを受けて、いろんな練習をして、こうやって試合に挑める状態になってきました」

そして、「どんなことに重点を置いてきたかという話からは、逸れてしまうかもしれませんが、練習の過程において、多くの方々にサポートしていただいたので、感謝しながら滑りたいと思います」とあらためて感謝の気持ちを繰り返した。

リンク上で見せる勝負に挑むときの王者としての強さとは別に、治療やケア、食事などの日々の暮らしについては、周囲に頼ることしかできない部分がある。その部分を押し隠すのではなく、会見という舞台で感謝の気持ちと併せて述べることを羽生選手は忘れたことがない。

決して万全の状態で戻ってきたわけではないことは示唆しつつも、これから勝負の舞台に立つ上での同情は、すべてシャットアウトした。

「自分が求める100%に対し、何%かという質問に関しては、胸を張って100%と言える状態です。もちろん、その100%は、いつも限界値が同じわけではないので、シーズン前に理想としていた100%かと言われると、そうじゃないかもしれません。そこは具体的にうまく説明できないですけれど、とにかくいまのコンディションとして、いまの自分の世界選手権に向けてという状態の中では100%。また、平昌オリンピックとの相違点に関しては、似ているところもあるなという感覚もありつつ、やはり世界選手権ということで、オリンピックと違った緊張感がある中で、試合に向けて準備していると思います。日本（開催）ということで、また違った注目のされ方、緊張感というものも違ってきているので、同じようなところもありつつ、違ったところもある意味では楽しみながら試合で感じたいことを感じていければいいかなと思います」

中国メディアは気持ちがはやったのか、まだ3年も先の北京五輪の出場について質問をした。

羽生選手は英語で応じ、「正直に言うと、そのこと（北京五輪）について考えることはできません。なぜなら、この大会に集中しないといけないからです。申し訳ありませんが、大会以外のことはコメントできません。本当にこの大会にベストを尽くしたいと思っています」と冷静かつ丁寧に答えた。

羽生選手は公式練習中、笑顔を見せるシーンが多かった。そのことに関しても会見では質問が出た。

「まず、さいたまスーパーアリーナで滑る世界選手権というのは、やはりソチオリンピック後に優勝できたということもあり、非常に気持ちよく試合に臨めているなという感覚があります。練習に関しても、調子どうこうは別として、今日のメインリンクの練習で、やりたかったこと、感じたかったことは一つ一つ、ミッションコンプリートというか、すべて達成できたという意味では、本当に感覚よく滑れていたのかなというふうに感じます」

さらに、同じようにケガから復帰して金メダルを獲得した平昌五輪の経験が生きるかと問われた羽生選手は、「(復帰までの)月日は(今回より)1ヶ月ほど短かったのですが、優勝できたということは、すごく自信になっています。同時に、試合に出られなかった期間を含めて、どのように試合に向けて気持ちをつくっていけばいいか、どういうふうな日々を過ごしていったらいいか。また、ケガ明けというのが、どれほど苦しいかも経験した上で、今回は準備することができました。気持ちは楽ではなかったですが、いい経験をした上での準備段階だったのかなというふうには思っています」と語った。

ケガをして復帰した経験があるとはいえ、もう一度、リハビリやケア、コンディション調整を、同じように歩み続けてこなければならなかった。

この日の公式練習で跳んだ4回転ループ一つをとっても、羽生選手がトロントで練習を再開したのは、わずか3週間ほど前でしかなかった。そのときの成功率は「50本に1本くらい」だという。

羽生選手がなぜ、勝てるのか。筆者は、細かい部分と地道な部分の最後の詰めをおろそかにしないことだと思っている。ジャンプがなぜお手本のようになるのか、なぜ演技の細部にまで神経を研ぎ澄ませて芸術性が高まるのか。それは、「このあたりでいいか」という妥協をしない性格が影響していると考えている。

だからこそ、ケガをしても絶望することなく、復活までの道のりを思い描き、地道な歩みを進めていけるのだろう。

そのプロセスにおいての経験値は確かにアドバンテージがある。

しかし、今回はハードルを一段高めての復帰戦となる。

それが4回転ループの投入だ。

平昌五輪のときは、サルコウとトウループの2種類の4回転で五輪の頂点へと駆け上がった。だが、その後の次世代スケーターたちの成長は著しいものがある。

だからこそ、羽生選手は五輪と同じ復活の舞台に、4回転ループも携えて戻ってきたのだった。

そして、勝ちにいくには、本番でも成功させる必要があった。

羽生選手本人も自覚は充分で、「今回はオリンピックのときと違って、（4回転）ループを跳ばなくてはいけないという使命感がものすごく強くあるので、ループに耐えうる筋力をつけるように努力してきました。そして、フリー、ショートに対しての体力もついてきたかなという感じです」

シーズンの序盤では薄まっていた「勝利への執念」は、実戦を重ねるごとに絶対王者の心に闘志を灯してきた。最後の質問で、ある記者が聞いた。

このさいたまの世界選手権で心の炎はどんな状態ですか――。羽生選手はメディアに強烈なインパクトを残すコメントを瞬時に発することがある。

このときの回答が、まさにそうだった。

「正直に言ってしまうと、ロシア大会でけっこう燃やし尽くせたかなと思っています。ロシア杯のときはほんとに大変で、フリーを滑るのもほんとに大きな決断だったのですが、あそこで滑りきれたからこそ、自分の中でちょっと、うーん……、くすぶり続けていたものが、ちょっと解放されたような感覚がありました。ただ、その後の試合に出られない、試合を見ているだけの時期は、ものすごくつらかったです。（闘志を燃やすための）油はあって、火もありますが、ちっちゃい部屋の中でずっと燃えているような感じでした。やっと、実際に試合の会場に来て、いまはほんとに大きな箱の中で、光って暴れ回る炎になれていると思っているので、ほんとに気持ちよくスケートを滑りたいなと思っています。もちろん、勝つことはいちばん大切なことだと思いますし、競技者としていちばん持っていなきゃいけないものだと思います。ただ、相手に勝つだけじゃなくて、やっぱり自分に勝った上で、すごく煮えたぎっている『勝ちたい』という欲求に対してすごく素直に、勝ちを取りたいと思っています」

羽生選手が表現した「暴れ回る炎になれている」「煮えたぎる勝利への欲求」という言葉からは、戦闘モードに入っていることが存分に伝わってきた。

⑤王者の意地、光明差した4回転ループ

さいたまスーパーアリーナは、その瞬間に向けて熱を帯びていった。

満員の観客の高まる期待は、選手紹介に浴びせる拍手と歓声の量でわかる。

YUZURU、HANYU——。アクセントの利いた英語によるアナウンスに、羽生選手が応える。2019年3月21日、ショート当日。いよいよ始まる戦いの場に期待が高まっていく。

羽生選手は、平昌五輪と同じ最終組1番滑走でリンクに立った。長い実戦ブランク明けの舞台ということも同じだった。

満員の観客が大歓声を送り、日の丸が揺れていた。ただ一つだけ違ったのは、羽生選手が抱いた演技後の感情だった。

「めちゃくちゃ悔しいですね」。リンクから降り、得点アナウンスを聞いた羽生選手が、バックスペースに設けられたミックスゾーンに足を踏み入れたときの感想だ。

自己ベストに15点以上及ばない94・87点。これがケガ明けのコンディションによるもの

であれば、納得もできた。しかし、羽生選手には悔いが残っていた。

演技直前、同じ組のスケーターたちと最後の調整を行なう6分間練習が原因だったからだ。羽生選手の6分間はやみくもにジャンプを跳んだりせず、最初にスケーティングで足を氷になじませ、次第にいくつかのジャンプを跳んでいく。跳ぶジャンプの順番もほぼ決まっている。身体の軸や助走のタイミング、ランディングの感覚などを確認し、本番へと気持ちを集中させていく。

このときもそうなる……はずだった。スケーター同士には、あうんの呼吸があり、ほかの選手がジャンプを跳ぶ軌道に入らないように滑る。

そんな中で、羽生選手は「うまく（ジャンプの）スペースを見つけることができなかった」と打ち明けた。

わずかなタイミングがかみ合わず、跳びたいと思っていたジャンプの軌道がクリアにならなかった。

羽生選手にとって4回転サルコウは、決して難しいジャンプではない。自身も「ちゃんとしたウォームアップをしなくても、サルコウは跳べるジャンプです。ショートもノーミスできるものだと思っています」と自信があった。

しかし、軌道をやや変えてジャンプを試みて、そこで転倒してしまった。「1回も（6分間練習で）やらなくても跳べるだろう」と言えるだけの感覚は、過去の経験から持ち合わせていたにもかかわらず……。

だからこそ、自分を信じきることができずに、軌道を変えてまで4回転サルコウを跳びにいったことが悔やまれていた。

1番滑走は、6分間練習の直後に演技がスタートする。「久しぶりに頭が真っ白になりました」という気持ちを切り替える猶予もなかった。

ロシア杯で110点台をマークした演技の再現ではなく、むしろ「超えたいという気持ちで貪欲にやってきた」と気を張り詰めたショートの冒頭で、4回転サルコウが2回転でほどけてしまった。

もちろん、大崩れはしない。トリプルアクセルを「絶対に決めなきゃいけないという気持ちも強くありました」と、高いGOEを稼いで成功させた。

羽生選手は演技後、少し砕けた言葉で苦笑した。

「めちゃくちゃ悔しいですけど、でもねぇ、（新聞の）一面に『悔しい』と書かれるのもちょっと嫌だなと思いますが、でも『頭が真っ白になった』が一面に書かれるのか（笑）。

書かないでくださいー。まあ、練習してきたことをちゃんと信じることができなかったことが大きな要因かなと思っています」

経験と引き出しの多さは、羽生選手の王者としての大きなアドバンテージだった。

同じように4回転サルコウの調整に失敗した苦い思い出が、羽生選手の脳裏にはあった。

「ソチのときのフリー前の6分間練習と似ていました。経験があるのに、ちゃんと使うことができなかった。そのことを反省しています」

幸いなことに右足首の影響はなかったという。試合勘も鈍っていなかった。わずかな取材時間の中で、言葉を発すると同時に頭の中をフル回転させ、客観的に自らの演技を振り返っているようだった。取材の終盤には原因を「メンタルの弱さとシミュレーション不足」と導き、「いい経験になりました」と前向きにとらえていた。

もちろん、気持ちが晴れたわけではない。

「今日の演技には、本当にフラストレーションを感じています。もっとプログラムに自信を持ちたいです。このプログラムを完成できなくて悔しいなという気持ちが強くありますが、とにかくこの悔しさをフリーに向けてうまく使いたいと思います」

◇

大逆転を狙った3月23日のフリーでは、鬱憤を晴らすかのような演技を披露した。羽生選手は、演技冒頭から爆発力を発揮した。美しい4回転ループの着氷で幕を開けた『Ｏｒｉｇｉｎ』は大歓声に包まれた。出遅れたショートを取り戻し、合計点で３００点を超える意地を見せた。

自身が史上初めて成功させた4回転ループは、ロシア杯での負傷の原因にもなった鬼門のジャンプだった。開幕前の会見でも「跳ばないといけない使命感があります」とこだわっていた。

4回転ループ、そしてフリーにかける思いは特別だった。

じつは、23日午前の最後の公式練習では、演技の最初から4回転ループまでの流れを何度も何度も入念に確認していた。転倒し、着氷が乱れ、途中でジャンプが抜ける場面が続いた。

好感触で跳ぶことができれば、練習を早めに切り上げることもできたが、プランどおりに進まなかった。練習終了のアナウンスが流れ、リンク上では整氷作業が始まる。

羽生選手はリンクの外にとどまり、すぐに会場を後にしなかった。その場で身体の動きを交えながら、タブレットで何度も映像を確認した。「できる限り、イメージを身体に合わせた」。異例の居残りは約8分にも及んだ。

自身が史上初めて跳び、スケート関係者が「お手本のようなジャンプ」と称賛する羽生選手の4回転ループにはこのとき、異変が生じていた。

平昌五輪の約3カ月前に右足首を負傷した羽生選手は、五輪本番でも4回転ループを回避した。五輪後、再び4回転ループの練習に着手したのが18年7月だった。当初はジャンプそのものが跳べなくなっていた。筋力の低下などもあって、その後も4回転ループ自体が「小さくなってしまった」という。「もっと大きく跳ばないといけない。もっと力強く踏み切って跳ばないといけない」。変革の時期にある4回転ループの修正には、時間を要する必要があった。

そんな中で成功させたフリー本番の4回転ループには、「自分にすごく集中して、自分の芯を持って練習できたと思います」と再び自信が宿った。猛追したフリーで、2位に食い込んだ。絶対王者はそれでも、納得できない様子だった。

身体はこのとき、満身創痍だった。

「最初に足首を痛めて練習をし始めてから、トリプルアクセルをやり始めるまでに痛み止めがない状態でした。それは完治させるというか、（痛み止めの）薬がない状態で跳ばなくてはいけないという使命感のようなものがありました。ゆっくりだったんですけど、（トリプル）アクセルまでは痛み止めを飲まずにやっていました。

ただ、4回転ジャンプをやっていくにあたって、ランディングで痛いというのは、どうしてもありました。正直、（世界選手権まで）2カ月間と時間もありませんでした。すでに（痛み止めは）オリンピックのときと同様のものを使っています。もちろん、あのときよりは、ループを跳べる状態にもなっているので、（右足首も）強くはなっていると思いますが、前のときより、より大きく痛めてしまうようになってきているので、いろいろ気をつけないといけないなというふうには思っています」

右足首の状態はケガを繰り返すほどに、回復までの時間も遅くなり、耐久性も弱くなっていると感じていた。

「手術してどうなる問題でもありません。いまは少しの衝撃が加わっても、ケガをしてしまったり、以前と同じ衝撃でも、ケガが大きくなったりしていくことを感じています。平昌オリンピックの前のケガと、今回は（ひねった状態が）まったく違う方向ですが、明らかに今回のほうが治りも遅く、状態は悪かったです。まあ、足首の寿命みたいなものですかね。そういうものもやっぱり加味した上で、リスクを負いながら練習しなくてはいけないなっていうことを、あらためて突きつけられました」

◇

フリー翌日に行なわれたメダリストのセレモニーでは、「来シーズンにチャレンジしたいこと」として聞かれた羽生選手は、「アクセル頑張ります。ルッツも頑張ります。フリップも頑張ります」と笑みを見せた。

4回転アクセルに加え、ルッツも、さらには、まだ跳んでいないフリップも……。闘志がみなぎっていることが伝わるコメントだった。

もちろん、思いつきではなく、戦略があった。

「（ループなどの）エッジ系ジャンプは氷の影響をすごく受けやすいと感じているので、（ルッツやフリップなどの）トウ系ジャンプのほうが安定できると思います。ルッツとフリップのほうが（ループよりも）基礎点も高いので、トウ系ジャンプを含めて、また、その上でアクセルを含めて練習していきたいなと、いまは強く思っています」

4回転アクセルについては、「試合で跳ばないと意味がない、公式の記録にならないと意味がないと常々思っています」と、強い覚悟であらためて実戦投入を目標に掲げた。

羽生選手は、メダリストセレモニーに同席したネイサン・チェン選手、ビンセント・ジョウ選手らが次々と高難度の4回転ジャンプを跳ぶようになっている現状をたたえつつも、「彼らがノーミスしても完璧なフリーの演技をしても、どんな状況でも、僕がクリーンな演技をしたら絶対に勝てるという状態を目指して頑張ります」と、自らと向き合う気持ちで翌シーズンを見つめていた。

⑥王座奪還へ「ベースバリュー上げたい」

２０１９－20年シーズンは19年9月12日から始まるオータム・クラシックでシーズン初戦を迎えた。

開催地のオークビルには、日本からも熱心なファンが駆けつけ、観客席にはたくさんの日の丸が揺れた。日本メディアからの取材申請も多く、一部のメディアにはパスが発行されないほどだった。

羽生選手の演目はショートが『秋によせて』、フリーは『Ｏｒｉｇｉｎ』。前年シーズンは、ＧＰシリーズ2戦目のロシア杯で負傷した右足首の影響で、シーズンの大半を棒に振ってしまった。

このため、羽生選手は「ショート、フリーとも、まだ自分の中で完璧といえるものができていなくて、心残りということがあります」と、不完全燃焼に終わった昨季を振り返るとともに、「このプログラム自体を、負けたままで終わらせたくない気持ちがすごくありました。（フリーでプログラムを継承したエフゲニー・）プルシェンコさんへのリスペクトの気持ちもすごくあり、やっぱり完成形として、悔いなくこのプログラムを終えたいなという気持ちがいちばん強いです」と、世界選手権で復活優勝を飾れなかった悔しさもにじませた。

オフは、足首や体幹の強化をメインにトレーニングを積んできたという。

一方で、5月に出演した『ファンタジー・オン・アイス』前に、左足首を捻挫したことを明かした。ケガをした経緯は衝撃的な内容だった。

「5回転サルコウの練習をしていて」

羽生選手の告白に、報道陣が間髪を入れず聞き直した。羽生選手は平然とした様子で、もう一度、言った。

「5回転サルコウの練習をしていたときに、足が引っかかって捻挫しました」

国際スケート連盟（ISU）が基礎点を設定しているジャンプに、5回転は存在していない。これは、ＩＳＵが成功者の想定をしていないこととイコールである。

しかし、羽生選手はサルコウだけでなく、トウループについても5回転の練習に着手している、と明かした。

平昌五輪後の「最大のモチベーション」と言い続けてきた4回転アクセルの成功から、目標が変更されたのか――。

そうではなく、5回転ジャンプの練習には、明確な意図があった。

「(4回転)アクセルを練習するために、もっと回転力を上げたいと思って、5回転の練習をしています」

19年3月の世界選手権ではトウ系ジャンプの習得も掲げ、この日は言葉どおりに4回転フリップについては、「すでに(練習で)3回くらい降りています」と話した。オフに劇的な変化を遂げていたのだった。

注目の4回転アクセルについても、羽生選手は「ハーネス(身体をつり上げる補助器具)があれば、すごくきれいに降りているので、いい感覚にはなっていると思います」と声を弾ませていた。

羽生選手の言葉を裏付けるようなシーンが大会中にもあった。

それは、ショート前日の12日の公式練習のときだった。羽生選手は、リンクサイドに立つジャンプ担当のジスラン・ブリアン・コーチと、楽しそうに談笑をしていた。報道陣が練習後のブリアン・コーチに取材をすると、彼は笑顔でこう話した。

「ユヅルが（練習中に）『４回転アクセルを跳びたい』と言ってきたよ。『今日は本当に調子がいいから』って言ってね。だけど、僕は『今日はやめたほうがいい』って止めたよ。もう少しで、彼は本当にやるところだったよ」

ジスラン・コーチによれば、５回転トウループもハーネスを装着した状態であれば、すでに着氷できているという。

羽生選手のシーズン初戦は、悔しい幕開けになった。順位は全体トップに立つものの、ショートの冒頭で跳んだ４回転サルコウの転倒に納得ができなかった。

「（踏み切りに）入る前にダメでしたね。『あっ、違うな』と思って。しょうがないですね。ミスはミスですから」。振り返る羽生選手はやや顔をしかめていた。

「もう自分も24、25（歳の）のシーズンですが、やっぱりスケートは奥が深いですね」と競技の難しさをしみじみと語った。

じつはショートだけでなく、フリーでも羽生選手を戸惑わせた採点があった。それは、

4回転トウループをめぐるものだった。

フリーを滑り終えた羽生選手はミックスゾーンで、多くのメディアから演技を振り返る質問を受けていた。

演技冒頭でこらえた4回転ループについては、前々日の公式練習で降りた4回転ルッツとの組み替えも脳裏をよぎっていたことや、スピンとステップがすべて最高難度のレベル4を獲得し、「フリーとしての形を整えていけた」という手応えなどを語った。

一方で、やや表情が曇って見えた。それは、釈然としない胸中の表われだった。

具体的には、演技の出来栄えとアナウンスされた得点に生じた「ズレ」だった。

羽生選手ほどのレベルになれば、ジャンプや演技の構成から得点は、ある程度の予想をつけることができる。左右するとすれば、スピンとステップの思わぬレベルの取りこぼしやジャンプのGOEくらいになる。

しかし、この日は、違和感が消えないほどに「ズレ」があった。

羽生選手がその原因を知ったのは、ミックスゾーンでの取材中だった。

「自分の感覚としては疑問がない」と自信を持って降りたはずの2度の4回転トウループが、いずれも回転不足と判定されていた。

羽生選手の表情が曇る。

「トウループが2つ刺さって（回転不足判定）ます？　4回転ループが刺さっているわけではなく？　それで点数が出ないのか……。普通に降りたなと思っていました」

4回転トウループの判定はその後の大会でも、羽生選手の手応えと乖離することはなかっただけに、本人にとっても不可解だったのは間違いないだろう。

◇

羽生選手のジャンプはこのころ、「感覚」と「理論」の2つの軸によって成否が裏打ちされていた。

そのことを明かしてくれたのも、この大会だった。

羽生選手がショートで転倒した4回転サルコウについて、前年シーズン最終戦となった世界選手権のショート冒頭の2回転でほどけたシーンが頭をよぎったという。

「このとき、こういうミスをしたなっていうのがよぎることがあると、考えてしまいます。（どう修正したらいいか）理論ですごく固めてしまうタイプなので。サルコウは、もっと感覚的に跳べていたジャンプだったのに、今回はちょっと理論に引っ張られすぎてしまいました。トウループは逆に、今回は感覚が良くなくて、理論で固めていったから理論で跳ぶことができました。サルコウの場合は今回、感覚で行きすぎていて、結果的には良かったのですが、理論に入った瞬間に固まってしまった感じですね」

冷静に結果を分析し、必然的にとらえるようになってきていた。

羽生選手の平昌五輪後をあらためて振り返ると、4回転アクセルの成功を最大のモチベーションに掲げ、18－19年シーズンに入ってからは「勝利への執念」が再び大きく芽生えてきた。

しかし、前人未踏の超大技の成功と、王者として勝ち続けるという二兎を追う挑戦は必ずしも、一本の道ではつながっていなかった。右足首の負傷もあり、羽生選手はシーズンの集大成である世界選手権で2位。じつはこの悔しさが、19－20年シーズンでは、4回転アクセル成功で頂点を奪い返すというプランを練ることにつながっていた。

◇

羽生選手はオータム・クラシック後、大会の取材とは別に、報道陣のための取材時間を設定してくれた。これは、例年夏のトロントでの練習公開を見合わせたことの代替だった。

シーズン最初の取材は、羽生選手から貴重な情報を聞くことができる時間になる。羽生選手はさまざまな質問に対し、多くの知識や経験を引き出しにインパクトのある言葉を紡いでくれる。メディアにとって、とてもありがたい機会になるのは、それだけ羽生選手の言葉が濃密であるからだ。

このときの取材では、羽生選手が2位に終わった世界選手権を制したネイサン・チェン選手についての質問があった。

羽生選手が着席した椅子を囲むように、多くの記者が話を聞いていた。こうした中で、「世界選手権でのチェン選手との差をどう埋めるか」という直球の質問を真っ向から受け止める度量の大きさを見せた。

「（勝つためには）ベースバリュー（基礎点）を上げるしかないと思います。GOEの限界もあります。人の評価軸というものが存在する以上、結局は難しいジャンプを跳んでナンボと思っています。その上で、彼が最大限（の構成）でやってきたときにも、（自分が）勝てる状態じゃないと、だめだなと思います」

若き新王者に対し、羽生選手は世界選手権後の会見でも「リスペクト」の気持ちを強調していた。

今回はさらに踏み込んで、「世界選手権で本当に『届かないな』と感じましたが、すごく『勝ちたい』と思っています」と相手をリスペクトした上で、勝利への欲求をストレートに表現した。

チェン選手を上回り、かつ、インパクトを与えることができる要素とは——。おのずとたどり着くのが、誰も跳んだことがない4回転アクセルの成功となる。そして、まず見据えるのが、平昌五輪シーズンに投入していた4回転ルッツの解禁だった。

「やっぱり武器としてのアクセルは早く手に入れなきゃいけないと思っています。段階を踏もうとは思っていませんが、その前段階としてまず（4回転）ルッツを（跳びたい）」

短い言葉で、とてつもなく壮大な構想を言ってのけた。

合同インタビューを終えると、報道陣は隣接するワーキングスペースへと戻り、原稿を書き始める。無機質な空間には、カチカチとノートパソコンのキーボードをたたく音が響いていた。

「今日は、ありがとうございました！」。静寂を打ち破る爽やかな声に記者たちが振り向くと、そこには笑顔の羽生選手がいた。帰途につく直前、わざわざ番記者たちにあいさつをするために姿を見せてくれたのだった。

◇

羽生選手の新たなシーズンは、思い描いた構想のようにはならなかった。

ＧＰシリーズ２戦は貫禄勝ちするも、４回転アクセルの投入は難しく、結果にこだわったＧＰファイナルで頂点に立ったのは、チェン選手だった。

４年ぶりの全日本選手権は、ショートで非公認ながら自身が持つ新ルールでの世界最高得点を上回る１１０・72点と好発進を切ったものの、フリーとの合計では２位となった。

この先に待ち受ける４回転アクセルの成功と、若きチェン選手との熾烈な闘い――。

一つは自らが切り開くしかない未開の道、もう一つは実力を高めてきたライバルを受け止める険しい道である。２つを追いかける難しさを痛感した羽生選手は年が明けると、大きな決断を下すことになった。

それこそが、あの伝説の名プログラム２曲の再演だった。

⑦伝説の名プログラムで「スーパースラム」達成

２０２０年は、年明けから世界的な大流行となる新型コロナウイルスがじわじわと広がりを見せつつあった。

２月上旬に韓国・ソウルで開催された四大陸選手権にも、暗い影を落としていた。まだ大幅な行動制限は始まっていなかったものの、メディアも観客もマスクを着用するようになっていた。大会会場での出入り口には、発熱者がいないかを調べるセンター機器が設置された。メディアも記者席への入場に際して、体温チェックや体調について記入するシートを提出するなど厳戒態勢が敷かれつつあった。

こうした中、羽生選手は2月4日、練習拠点のトロントから韓国へ入った。熱烈なファンも横断幕を手に仁川国際空港で出迎えた。オーサー・コーチとともに到着ゲートに現われた羽生選手は黒いジャージーに白いマスク姿だった。

羽生選手の到着を待った記者たちの目的は、プログラムの確認だった。じつは大会前、ISUのホームページが羽生選手のシーズンプログラムをアップデートしていた。そこにはショートが『バラード第1番』、フリーは『SEIMEI』となっていたからだ。

これは、平昌五輪で連覇を果たした伝説の名プログラムだ。羽生選手がこのプログラムで四大陸選手権を演じることになるという先行報道もあった。本人の口から聞きたかった。

羽生選手は国内外のメディアの取材に応じ、「(ISUの)バイオ(グラフィー)で発表されちゃうのがちょっとビックリしたんですけど」とやや困惑した表情を浮かべた後、「『SEIMEI』と『バラード第1番』をやる予定です」と明言した。

「とにかく自分自身がいちばん目指しているフィギュアスケートとして、できるものがいまは『SEIMEI』と『バラード第1番』かなと思いました。そのプログラムたちと一緒に、また滑りたいなと心から思えたことが理由です」

羽生選手が詳細な理由を明かしたのは、翌5日の公式練習後の取材対応の時間だった。

「グランプリファイナル、全日本とあって、難易度を難しくすることは、すごく、自分自身にとっても楽しいですし、それを達成できたときの喜びは計り知れないものがあるんですけれど、自分が目指しているスケートっていうのは、ただ難しいことをするスケートじゃないなって思ったんですよ。『Origin』や『オトナル(秋によせて)』を滑っていても、自分の呼吸じゃないなと。技術的なことに関して言えば、高難度のものを入れれば入れるほど、まだ僕にはスケートの部分が疎かになってしまい、それがやっぱり耐えきれなかったということが大きいです。

音楽に関して言えば、『Origin』と『オトナル』を選択したときは、オリンピックが終わったあとだったので、自分自身がすごくふわふわした気持ちでいて、ジョニー・ウィアーさんと(エフゲニー・)プルシェンコさんの背中を追う少年のままでいたような感じがしていました。自分の演技として完成できないって思ってしまいました。あまりにも理想が高く、その理想は僕じゃなくてプルシェンコさん、ジョニーさんの背中だったと思うんです。そう考えたときに、やっぱり、僕のスケートじゃないのかなというのを、(年末の全日本選手権後の)『メダリスト・オン・アイス』で『SEIMEI』をやったときにあらためて思いました。カバー曲とオリジナル曲ぐらいの違いを自分の中ですごく感じてしまいました。『SEIMEI』も『バラード第1番』も、伝説として語り継がれるような記録を持ってしまっている子たちなので、できれば寝させてあげたかったんですけれど、それでも『メダリスト・オン・アイス』で力を借りたときに、あのときの精神状態だったからかもしれないですけれど、ものすごく自分でいられるなって思って、それで、もう少しだけこの子たちの力を借りてもいいかなと思いました」

五輪連覇後の羽生選手は、人知れず、苦しんでいた。4回転アクセルを「最大のモチベーション」として掲げたが、「勝利への執念」に気づかされ、ケガにも泣いた。このシーズンは、前シーズンから持ち越したショート『秋によせて』とフリー『Origin』を滑ることができたが、演技を重ねるごとに生じた違和感の正体は、「オリジナル」か否かというプログラムの本質だった。

羽生選手にとって、自分のプログラムを追求するモチベーションは、平昌五輪以降になかなか芽生えていなかった。それだけ、連覇の達成感を超えることは難しく、『バラード第1番』と『ＳＥＩＭＥＩ』も尊いものだった。

だからこそ、五輪後は新たなオリジナル曲に手を付けず、あこがれのスケーターたちのプログラムを滑ることで、新たな発見を目指した。

しかし、滑り込む中でわかったことがある。自分には、絶対的なオリジナルのプログラムがあるということだった。それが、五輪連覇に導いた必勝の伝説プログラムだった。本来であれば、自らのタイミングで公表したかった。ＩＳＵによるサイトでの発表は想定外だったが、大会前に自分の言葉で真意を明かした。

決断したのは、年が明けた1月に入ってからだという。そこから、急ピッチで滑り込んできた。

四大陸選手権は、国際オリンピック委員会（ＩＯＣ）のインターネットテレビ「オリンピックチャンネル」が開催前に「ある注目トピック」を取り上げたことで大きな関心を集めることになった。

それが、男子では初の快挙という「スーパースラム」というワードだった。テニスやゴルフの世界で4大大会を制する称号として「グランドスラム」というワードがスポーツ界には長らく存在する。

オリンピックチャンネルは、「スーパースラム」の定義を、フィギュアスケートではジュニアとシニアの主要国際6大会（五輪、世界選手権、四大陸選手権もしくは欧州選手権、GPファイナル、世界ジュニア、ジュニアGPファイナル）を制することだとした。

そして、羽生選手はこのタイトルに男子選手として史上初めての快挙達成へ王手をかけているという記事であった。最後のピースは、過去2位が3度の四大陸選手権である。

迎えたショート本番で、五輪連覇を果たしたシーズンから新調した衣装で臨んだ羽生選手が、平昌と同じ韓国の地で新たな金字塔を打ち立てた。

111・82点という新ルールでの世界最高スコアを圧巻の演技で更新してみせた。4回転サルコウと4回転ー3回転の2連続トウループでともに最大5点に近い4点台というGOE（出来栄え評価）を稼いだ。さらにスピンもステップも最高難度のレベル4を獲得。あこがれたウィアーさんの演技を追い求めて近づけていくのではなく、自らが理想とするジャンプと音楽を融合させた王者のスケートへ、自らの名プログラムを通じて回帰を求めたリスタートの演技だった。観客が総立ちの会場は大歓声に包まれ、リンクは祝福の「くまのプーさん」のぬいぐるみで埋め尽くされた。

「これまでの『バラード第1番』の中で、本当にいちばん良かったんじゃないかと自分の中で思っています」

こう自賛してみせた羽生選手の表情は、久方ぶりに晴れやかに見えた。

「なんの雑音もなく滑りきることができました。気持ちの流れみたいなものが最後の音が終わって、自分が手を下ろすまでつなげられたということが、いちばん心地良かったっていう気持ちでいます」

もがき苦しんだ時間と経験は、決して無駄だとは思っていない。遠回りしたとも思っていなかった。

「『オトナル(秋によせて)』をやったからこその表現の仕方というのは、深みとかもやっぱり、増えたと思っています」

◇

フリー『SEIMEI』では、4回転ルッツを組み込んで蘇らせた。

演技直前のリンクには、アクシデントが発生していた。

「(リンクに)入ったときに(氷の一部に)コンクリートが見えていて、どうしようかなと一瞬考えてからレフェリー(のところ)に行きました」

Joe Kobashi

結 弦
PROFESSIONAL
SKIN CARE

羽生選手が指摘したことで整氷されたが、「気が散っている状態で（演技に）入っちゃいました」と悔やんだ。

それでも、愛着のあるプログラムをまとめ、見事に「スーパースラム」を成し遂げて、「ホッとしました」と安堵した表情を浮かべた。

伝説のプログラムを蘇らせたことは、フィギュアスケートへの挑戦でもあった。

「自分の中ではワインとかチーズみたいなもので、いままでのフィギュアスケートの形ではなかったかもしれないですけど、滑れば滑るほど、時間をかければかけるほど熟成されていって、いろんな深みが出るプログラムだなと思っています。伝統芸能のように語り継がれるものって、何回も何回もやるじゃないですか。バレエにしてもオペラにしてもそうですよね。自分ももっと（このプログラムを）極められる。だから、そういう道にいてもいいのではないかと思います」

伝説や名プログラムという称号がつくほどに、じつは安易に同じプログラムを滑ることには怖さもあるという。

「同じものをやるってめちゃめちゃ怖いんですよ。評価の対象が自分、しかも、最高の自分の状態と比べられるから、すごく怖いです。でも、前よりも上へ行けるように、いつも考えているから、それもまた一つの形なんじゃないかなと思っています」

3月に迫るカナダ・モントリオールでの世界選手権で羽生選手はどんなプログラムを披露していくのか。そんな期待を抱かせる2月のスーパースラム達成だったが、世界はここから本格的にコロナ禍に見舞われていった。

◇

スポーツ界も例外ではなく、２０２０年夏に予定されていた東京五輪・パラリンピックも1年延期が決まり、ほとんどの大会が延期、中止へと追い込まれ、開催される場合でも無観客大会となっていった。フィギュアスケートの世界選手権も中止が発表された。

20－21年シーズンのＧＰシリーズは、渡航制限や隔離措置によって、通常開催が困難となった。このため、地元選手や開催地に練習拠点を置く選手だけに出場が限定される異例の開催へと舵が切られた。そして、ぜんそくの持病がある羽生選手は、ＧＰシリーズそのものの欠場を余儀なくされた。自身の健康面に加え、スター選手ゆえに、自らの出場が観客の移動を伴うことで感染リスクが広がることへの配慮もあった。

羽生選手がショート、フリーともに新プログラムを携え、戦いの舞台に戻ってきたのは、20年12月の全日本選手権だった。この大会で見事に5年ぶりの優勝を飾り、世界選手権代表の座もつかんだ。

コロナ禍で行なわれた世界選手権（スウェーデン・ストックホルム）は、無観客での開催となり、試合会場でも外部との接触を避ける「バブル方式」が導入された。羽生選手は表彰台に立つ3位となり、翌シーズンに迫った北京五輪の日本男子代表枠「3」の獲得に貢献した。

一方で、羽生選手はこの時点でも、まだ3連覇がかかる北京五輪を目指す考えを明らかにはしていなかった。

時計の針は、刻一刻と五輪開幕の22年2月へと進んでいた。

AFP/AFLO

第7章

意地とプライドの北京五輪

①自覚と誇りを胸に、最後の全日本へ

2021年12月22日午後6時半。さいたまスーパーアリーナの一角は、緊張感に包まれていた。

スーツ姿のスケーターたちが静かに着席する。

全日本選手権の男女ショートなどの滑走順抽選が控えていた。スーツにネクタイを締め、マスクを着用した羽生選手が入場すると、カメラのシャッター音が静寂を打ち破るように激しく響いた。羽生選手はリラックスした様子で、顔見知りの選手たちと目が合うと、笑顔を見せていた。

全日本はスケーターたちにとって特別な意味を持つ大会である。

多くの大学生スケーターにとっては、競技生活に幕を引く舞台にもなる。ごく一部のトップスケーターを除けば、ほとんどの選手は、学生生活の一環である部活動として競技に打ち込んでいる。国内最高峰の舞台に手が届く選手であっても、大学卒業後も企業のサポートを受けて競技を続けられる選手はわずかしかいない。

一方、トップスケーターにとっては、シーズン後半戦の四大陸選手権や世界選手権への代表選考を兼ねた舞台にもなる。そして、この年は北京五輪代表の最終選考会を兼ねていた。さまざまな思いを胸に秘めた選手たちが一堂に会する。

それが、滑走順抽選の場である。

羽生選手にとっても、この全日本は特別な場所であった。

北京五輪シーズンは、GPシリーズ第4戦NHK杯と最終第6戦のロシア杯にエントリーしていた。

しかし、11月4日、日本スケート連盟より「右足関節靱帯損傷」を理由にNHK杯の欠場が発表された。

プレスリリースには、羽生選手のコメントも添えられていた。

「NHK杯にむけて全力で取り組んできましたが、たった一度の転倒で、怪我をしてしまい、とても悔しく思っています。ここまで、最善の方法を探し、考えながら練習してこれたと思っています。今回の怪我からも、また何かを得られるよう、考えて、できることに全力で取り組みます。今は少しでも早く、氷上に立つことを目指し、痛みをコントロールしながら氷上でのリハビリをし、競技レベルに戻るまでの期間をなるべく短くできるように、努力していきます。どんな状況でも、応援してくださり、いつも暖かい気持ちになっています。本当にありがとうございます。皆さまの応援の力をいただきながら、さらに進化できるように、頑張ります」

さらに11月17日には、負傷箇所の回復が遅れていることから、続くロシア杯も欠場が決まった。

たった一度の転倒に苦しめられた羽生選手は、全日本の会場で鮮明な記憶を明かした。

「フリーの頭からやった通し練習のときに4回転アクセルをやって、そのまま次のサルコウにいったときに、エッジが氷に絡まってしまいました。ちょうどエッジを研磨してもらったときで、『感覚が違うな』と思いながらやっていました。いつもだったらエッジが氷から抜けるはずでしたが、エッジが氷に取られ、抜けなくて（足首が）バキっていきました」

羽生選手は「右足の捻挫に関しては知り尽くしているので」と過去に何度も痛めてきた患部について自虐的に語ったあと、「どうやったら早く治せるかということをひたすら考えてやってきました」と振り返った。

羽生選手はコロナ禍以降、練習拠点のトロントに戻ることができずにいた。

しかも、国内での練習にコーチは不在。20－21年シーズンのショート、フリーのプログラムは振り付けも自分で考えた動きを取り入れるなど、苦心した。

絶対王者として孤高の存在であることを受け止めてきた羽生選手だが、孤立や孤独にも似た感情を抱えたコロナ禍では不調にも見舞われ、絶対的な自信を持つ武器でもあったトリプルアクセルすら跳べなくなってしまった時期もあった。

「どん底に陥って、やっていることが無駄にすら思えていました」と当時の心境を語っている。

それでも、「やっぱりスケートが好き。スケートじゃないとすべての感情が出せない」と、自分と向き合ってリンクに戻った。

「一人きりでの練習」は、決してマイナスだけではなかった。たった一人での練習は、ほかのスケーターの滑りを気にする必要がなく、自分のペースで滑ることができた。

「スケートに集中できる環境という意味では、ベストな練習ができたと思います」

想定外があるとすれば、コロナ禍がここまで長引いたことで、五輪シーズンも状況が変わらなかったことだ。仙台を拠点に練習し、リハビリも「仙台でできることは限られているので、その中でやれることをやってきました」と打ち明けた。

◇

23日の公式練習。新たなシーズンのプログラムも、この日が初めてのお披露目となった。この日の練習は終始、緊迫感に包まれていた。羽生選手が公の場で滑るのは、7月のアイスショー以来、165日ぶりだった。

会場にかかった曲は、フリーの『天と地と』だった。五輪シーズンにふさわしいプログラムで、前年シーズンからの継続だとわかった。驚くべきはジャンプの構成だった。4回転サルコウや4回転－3回転の連続トウループを跳び、その後はトリプルアクセル－3回転ループのコンビネーションで着氷を重ねた。しかし、この日のハイライトは、羽生選手がいよいよ超大技の確認作業にシフトしたことだった。

それが、待ちに待った4回転アクセルだった。

記者たちは取材時、選手がどのジャンプを跳んでいるかをノートに書き込む。羽生選手はこの日の公式練習のかなりの時間を割き、4回転アクセルを8本連続で挑んだ。最後のジャンプを跳んだときには、練習時間が残り1分を切っていた。

この日の中で、もっとも精度が高かった4回転アクセルは、やや回転が不足したものの、ほぼ片足での着氷体勢がとれていた。高さと幅のあるジャンプに、観客席からも大きな拍手が起きていた。羽生選手は、このあとの取材で「まだ練習でも成功はしていない」と明かしたが、超大技の成功が間近に迫っていることを印象づけるジャンプだった。

◇

じつは、羽生選手は4回転アクセルという前人未踏のジャンプ攻略に向け、2つの要素を組み合わせるという戦術を練っていた。

一つが「身体の軸」、もう一つが「回転力」だという。

「今日は、自分の中で軸づくりがいちばん大事だと思っていたので、回転はそんなにかけていないです。この氷で軸をつくるっていうことを試していたので、回転を10割でかけている状態ではなかったですが、やるべきことはやれたと思っています」

一方で、回転力を増すことにフォーカスした練習では、軸を意識せずに「11割くらいの力で回して、ギリギリ4分の1足りないかなというところまで来ています」と明かした。

2つの調整で得た成果を同時にかみ合わせた先に、誰も見たことがない成功の景色を見据えるが、「練習の段階では、両立したものはまだ難しいです」と、難攻不落の4回転アクセルの壁を感じているようでもあった。

一方で、羽生選手の中でも、「結論」を出すべきときに来ているという覚悟はできていた。

平昌五輪から間もなく4年を迎えようとしている。「最大のモチベーション」とまで言った4回転アクセルは決められるのか、かなわないのか——。

先延ばしにするつもりはなかった。

だからこそ、練習後の取材で「フリーに4回転アクセルは入れるのか」という問いに、「はい。フリーの前半に入れる形にしたいです」と明言した。

メディアはもう一つの「質問」も投げかける。2カ月後まで迫った北京五輪に関することだった。

「ここで（4回転アクセルを）降りたら満足するかもしれないですし、ここで降りることはあきらめていません。『北京（五輪）でアクセルを跳びます』みたいになると、ここであきらめたようになることがすごく嫌なので、望みを捨てずに、あきらめずにやっていきたいなと思います。ただ、延長線上に北京はあるかもしれないということは腹をくってきました。（北京五輪を目指すことについて）明言でいいです」

ついに、初めて、3度目の五輪出場に明確な意欲を示した。しかし、この時点では、過去2度の五輪で見せた「勝利への執念」が、まだ強烈には伝わってこなかった。

◇

羽生選手が圧巻の演技を見せたのは、翌24日のショートだった。初披露となった五輪シーズンのショートは、ピアノ曲『序奏とロンド・カプリチオーソ』。19世紀のフランスの作曲家、サン＝サーンスの代表曲の一つとして知られる。

羽生選手にとって、今季のショートの選曲はかなり頭を悩ませたという。

ピアノ曲を候補に、「羽生結弦にしかできない表現のショートプログラムはどんなものがあるのかなとずっと探していました。なかなか見つけられなかったのですが、昔からやりたいと思っていた『ロンド・カプリチオーソ』が頭に浮かび、『じゃあ、これをピアノバージョンで滑ったらより自分らしくなるかな』」と絞り込んだ。

そこからのこだわりも強かった。編曲を依頼したのは、国内外で数々の受賞実績があり、羽生選手とは平昌五輪後に『ファンタジー・オン・アイス』で共演したこともある清塚信也さんだった。

「僕が先シーズン、すごく心が折れていた時期に滑らせていただいて、本当に生きる活力と滑る活力をいただいた清塚さんのピアノにしたら、もっと自分も気持ちよく滑れるのではないか、気持ちを込めて滑ることができるのではないかと思ったので、清塚さんに頼んでオリジナルのバージョンをつくってもらいました」

右足首の負傷によって、初披露が年末までずれ込んだ。しかも、試合を想定した練習では一度も完璧に滑ることができなかったという。

羽生選手がクリスマスイブの夜に見せたのは、ここ一番での勝負強さだった。

演技はまさに圧巻だった。2種類の4回転を含め、ジャンプはすべてGOE（出来栄え評価）で加点を得た。それだけではない。振り付けにも表現にもこだわり抜いたプログラムだった。

「自分の中でもっとやりたいな、これもつくりたいな、こうやりたいなといういろんな背景がありました。（振付師の）ジェフ（ジェフリー・バトル氏）、ブライアンやトレイシーと、いろいろと相談させていただきながら、シェイ（シェイ＝リーン・ボーンさん）にも加わっていただいて、コラボレーションという形でつくってもらいました。表現は、『バラード第1番』だったり、『SEIMEI』だったり、本当に自分の代表となるようなプログラムたち以上です」

羽生選手はこう胸を張り、さらに「曲に乗せる気持ちが強くあります。ジャンプだけじゃなく、全部を見てもらいたいです」と力を込めた。

際立った表現力にも理由があった。

「清塚さんにアレンジしてもらうときも電話で打ち合わせをしましたが、そのときは具体的な物語がなくて、『すごくパッションにあふれる、だけど切なさと繊細さがあふれるプログラムにしていただきたい』とお伝えしました。自分自身のアクセルが進捗がなくて苦しかった時期でもあったので、最初は、暗闇からみなさんの記憶や、自分が歩んできた道のりみたいなものが、蛍の光みたいな感覚で広がってきました。最初のスピンが終わったあとからは、そういうのを全部エネルギーにして、何かに向かってがむしゃらに突き進み、最後は意識が飛んでいるような感覚の中で何かを手につかみ取る、みたいな物語です。ジェフがプログラムの基盤をつくってくださって、シェイがそこに情緒あふれる物語をつけてくれたので、感情を込めて、滑ることができました」

コロナ禍にかつてのような大歓声はない。

しかし、会場を包んだ拍手はいつまでも鳴りやまなかった。羽生選手は突き上げた右手をそっと首元まで下ろすと、ふっと息を吐いた。

「まだ洗練されていない」という言葉が信じられないほどの演技は、非公式ながら111・31点と自らが持つ世界歴代最高得点に肉薄するほどの内容だった。

そして、羽生選手は、ついに4回転アクセルを実戦投入する舞台へと立った。

②「五輪は勝つための舞台」

12月26日の男子フリー。平昌五輪直後に4回転アクセルの成功を掲げてから、約4年の月日が経過していた。

さいたまスーパーアリーナの満員の観客の視線が集中した、その瞬間はフリー『天と地と』の冒頭で訪れた。

戦国武将の上杉謙信を描いた大河ドラマのテーマ曲で、三味線や琴の音色を取り入れた「和」のテイストの演目は、前年シーズンから継続させたお気に入りのプログラムだ。

最初に挑んだジャンプこそが、4回転アクセルだった。

公式戦で初めて挑んだ前人未踏の超大技である。前向きに高く跳び上がった（王様の）ジャンプの結末はいかに――。

◇

さいたまスーパーアリーナの記者室は、羽生選手の演技が近づくにつれて、記者たちも落ち着きをなくしていた。事前に配布された演技構成表では、羽生選手の演技の冒頭に

「4A」と記されていた。

全日本で4回転アクセルに挑んだ選手は、もちろん過去に一人もいない。

羽生選手が4回転アクセルへの挑戦を掲げる以前から取材をしてきた記者もいれば、平昌五輪後に担当になった記者もいる。取材の年月、思い入れはそれぞれの記者によって違う。ただ、各テレビや新聞、雑誌の担当記者はこの日ばかりは、歴史の証人になるつもりでいた。

羽生選手が挑んだ瞬間を、記者たちも固唾をのんで見届けた。

判定を待った。惜しくも回転が足りず、両足による着氷だった。回転不足で3回転扱いになり、成功とは言えなかったが、転倒もしなかった。

全日本の舞台に挑戦の軌跡は確かに刻まれた。

◇

羽生選手にとって、この日の4回転アクセルはどうだったのか。

「今日の朝の練習で、自分の中では回せることを期待はしていなくて、とにかく本番がいちばん大事なので本番に合わせきれるように、練習をしていました。（朝の練習で）あまりにも跳べなさすぎて少し失望していて、本番に行くまでにかなり精神がぐちゃぐちゃになっていましたが、そういうところも含めて、まだ自分自身、成功しきれていないジャンプを本番で使用するのは難しいとあらためて感じました」

細部にまでこだわる表現力は、とことんまで突き詰める羽生選手の人間性から生まれたものにほかならない。

道はあまりにも多難だった。ケガもあり、コロナ禍にも見舞われた。すべてが順調だったわけではないが、それでもトリプルアクセルであれば、余裕を持って跳べる羽生選手にとって「4回転以上を回ることが、どれだけ大変かを痛感させられた4年間だった」という言葉には、想像を絶するほどの実感がこもっていた。

練習での挑戦回数は1000を超えるという。

「みなさん（報道陣）は初日（公式練習）にアクセルを見ていて、『羽生、めちゃくちゃアクセルが上手になった』と思われたでしょうけど、あれができるようになったのは、この2週間くらいです。それまではずっと、（ジャンプのときの身体の）軸がつくれなくて、回転も足りなくて、何回も何回も身体を（氷に）打ちつけながら練習していました。今日のアクセルを見て、みなさんの中でこれは（もうすぐ）跳べるのではないかと思っていただけたと思いますけど、正直、あそこまででも、いっぱいいっぱいです」

ここに至るまでのプロセスは、それほどまでに困難を極めた道のりだった。

「ただひたすら暗闇を歩いているだけ」

羽生選手は、挑戦の日々をこう表現した。

誰も跳べていないジャンプで、そもそも人間が跳べるかもわからない。しかも、全日本に向けた調整は、身体も満身創痍だった。

４回転アクセルの調子がようやく上がってきたころに捻挫をして、ＧＰシリーズ２戦は欠場に追い込まれた。その後もコンディション不良に苦しめられた。じつは、ストレスから食道炎になって、発熱もあった。４回転アクセルと向き合う苦悩は並大抵のものではなかった。

「いろいろあって、１カ月間はまったく何もできませんでした」

これまでは理想に向かって、完璧にミッションを遂行してきた絶対王者をして、「自分の中で限界を感じていた。もうこの時点で、正直、やめてもいいかなと思いました」と明かすほどに過酷だった。

「自分の中でもけっこう、焦っていて、早く跳ばないと身体が衰えていくのもわかっていました。自分が設定した期限よりも（成功できる瞬間は）明らかに遅れていっているので、

『なんでこんなに跳べないんだろう』という苦しさと、自分の中で『こんなにやってできないのに、やる必要あるのかな』とか、あきらめみたいなものがだいぶ出てきました」

じつは、羽生選手は平昌五輪のあと、次のシーズンには降りることができるという算段があった。「アクセルにはそれくらい自信がありました」との自負があったからだ。

しかし、「王様のジャンプ」と呼ばれるアクセルで4回転を跳ぶのは、簡単ではなかった。一方で、世界一のトリプルアクセルを跳ぶ羽生選手であるがゆえに、一定の成果も見えていた。

そこで新たな葛藤が生まれたという。

回転は足りないけれど、血のにじむような努力でわずかながら成功に近づけたという感情を受け入れようと悩んだのだ。羽生選手が挑戦したことで、いつか後進のスケーターが跳んでくれるかもしれない。

「自分の中では、このくらいのアクセルでもいいんじゃないか」

気持ちはギブアップ寸前だった。回転不足でも「妥協点」を見つけて、目指したゴールを少しだけずらすだけで、気持ちはずっと楽になれた。

しかし、思いとどまった。あきらめなかった。

そこにあったのは、見守り続けてくれたファンの存在だった。家族やコーチ、支えてくれる人たちの存在だった。

「みなさんが僕に懸けてくれている夢をかなえたい。もう僕だけのジャンプじゃない。みなさんが『僕にしかできないジャンプ』だと言ってくださるのなら、全うするのが僕の使命なんじゃないか」

挑み続けた結果、全日本の2週間前にようやく、ついに両足着氷までたどり着いた。そして、仙台で行なった出発前の最後の練習で、あと4分の1回転で回りきるところまできた手応えをつかんだ。

ここに至るまでも「正解」が見えない状況に変わりはなかった。だから、やれること、思いがめぐることはすべて試すしかなかった。

「体重が軽いほうが跳べるんじゃないか」。そう思ったら、自分の身体で「実験」するしかなかった。前年シーズンの世界選手権より3キロほど落とし、難敵の4回転アクセルと向き合うこともやってきた。一筋の光明が最後の最後に見えた。

「本気で（身体の軸を）締めて、あと4分の1で完全に360度回りきった状況、（わずかにジャンプが不十分とされる）q判定されるようなところで、4発くらいこけてて。そのときにいろいろ考えたんですよね。結果、『この全日本でやめられないな』って。せっかくここまで来たんだったら、みなさんが僕に懸けてくれている夢だから、自分のためにもみなさんのためにもかなえてみせたいなと思いました」

この日、本番での4回転アクセルの成功はならなかったが、努力の「結晶」は、成功を信じていたファンに見せることができた。自らはジャンプの出来栄えに関する評価は避け、「頑張ったなという感じです」と心境を語った。

◇

全日本連覇を果たした羽生選手は、フリーの演技から約2時間後、北京五輪代表メンバーとして記者会見の壇上に着席した。

マイクを握ると、高らかに宣言した。

「(北京五輪に)出るからには、勝ちをしっかりつかみ取れるように、武器として4回転半を携えていけるように精いっぱい頑張りたいです」

堂々の五輪3連覇宣言。身を包んでいたのは、日本代表のジャージーだった。じつはこのジャージーに袖を通した瞬間、羽生選手の中で「4回転アクセル」と「北京五輪」が完全にシンクロした。

「あぁ、これがオリンピックなんだな」

同時に覚悟が必要だった。五輪王者という肩書を14年2月からこの日まで、誰にも明け渡すことなく背負ってきた。

「2連覇を絶対に失いたくない」。同時に「失うことは怖い」とも言った。

「オリンピックってやっぱり、発表会じゃないんですよ、やっぱり勝たなきゃいけない場所なんですよね、僕にとっては。だからこそ、強く決意を持って、絶対に勝ちたいなって思いました」

五輪は勝つための場所——。コロナ禍で開催可否はギリギリまで不透明な情勢の中だった北京五輪だが、羽生選手の覚悟は五輪前最後の公式戦を経て、ぶれないほど強固に固まった。

③いざ北京へ、3度目の五輪開幕

2022年2月6日、羽生選手は中国・北京の空港へ降り立った。

筆者はフィギュアスケート担当が10年以上経過し、羽生選手の3度目となる五輪は、現地取材を後輩記者に託した。その上で、東京・大手町の産経新聞東京本社、あるいは外苑前にある日本オリンピック委員会（JOC）や日本スケート連盟が入るビル「JAPAN SPORT OLYMPIC SQUARE」の4階にある記者室に詰めていた。

現地から原稿や映像がひっきりなしに届く。羽生選手は感染対策のため、防護服姿の現地スタッフにガードされていた。一時はコロナ禍で開催を危ぶまれた北京五輪だったが、国家の威信も懸かっていた中国が開催へとこぎつけた。

到着はショート本番の2日前だった。時差調整などを考えれば、もう少し余裕を持って入ることもできた。しかし、3連覇をかけた戦いは到着のタイミングから始まっていた。

「長くいればいるほど、だれてくるというのがあります。だんだん調子が悪くなってくることを、シニアに上がってからは感じるようになっています。世界選手権とかも（滞在が）長いですよね。僕の場合は、あまり長く（現地で調整を）やり続けると気合が入りすぎて、疲れてしまうことがあります。なので、（現地入りを）ギリギリにしようと決めました」

人口規模から見ても、日本よりも羽生選手のファンが多いとされる中国では、北京の街が「主役」の到着を待ちわびていた。

たとえば、日本勢の団体戦メンバーが会場となる首都体育館の本番リンクで公式練習を行なった2月3日、個人戦だけに出場する羽生選手は、その場にいなくても当然の状況なのだが、中国メディアは「羽生の姿がない」ということをニュースとして配信した。

羽生選手が不在の日本選手団の記者会見でも質問が出るほど、別格の注目度だった。まさに「羽生狂騒曲」が流れ始めたと言ってよかった。

当の羽生選手は、日本スケート連盟の公式ツイッターに「北京オリンピックではもちろん、4Aも含めて絶対に勝ちを獲りにいきたいなって思っています」と意気込む動画メッセージを寄せた。さらに右手の3本の指で「さんっ！」と3連覇への意欲も示唆していた。

◇

羽生選手は到着翌日の7日、会場近くのサブリンクで練習をスタートさせた。現地の報道によれば、見守った報道陣は約100人に上った。

高い注目度の中、羽生選手はサルコウとトウループの2種類の4回転ジャンプを跳んで氷の感触も確かめた。フリーに組み込む予定で、この五輪で最大の注目ともいえる4回転アクセルは8度試みた。ただ、転倒や回転不足による両足着氷で、まだクリーンに跳べてはいなかった。

本番の舞台は、刻一刻と迫っていた。

過去2度の五輪とは違う。そのことを羽生選手は現地の取材でこう語っていた。

「いままでのオリンピックでは、自分が練習してきたこととか、いままでしっかり降りてきたものを出しきれば勝てるという感覚でやっていました。しかし、今回はまだ（現地入りしてからも）成長しなくてはいけないところがある状態で試合を迎えました」

成長の余地が残るのはもちろん、4回転アクセルだ。

「4Aの練習は、かなりやってきました。まだ成功していないですが、こっちに来て、感触としてはかなり良く、浮きもいいです。回転のかけ方も割とやりやすいなと思いながら、今日やっていたので、まずは回転しきりたいですね。難しいなと思いながらやっていますけれど、どうしても達成したい目標でもあります。自分自身がこのオリンピックで（さらに）上に行くためには、絶対に必要だと思っています」

◇

2月8日。筆者は朝からJSPOの記者室にいた。記者室の扉を開けると、各社のロッカーが配置され、左手に曲がると机と椅子が並ぶ。左へ曲がらずにまっすぐ進んだ先にはフリースペースがあり、壁側に大きなテレビが置かれている。

先にいた記者が、チャンネルを男子ショートに合わせていた。

午後1時19分、羽生選手のショートが幕を開けた。過去2度の五輪は、いずれもショートで首位に立ち、フリーへ勢いを加速させている。

北京五輪では、フリーで跳ぶ4回転アクセルに世界中の視線が集まる。しかし、本人は、ショートを前に冷静だった。

「(フリーの)４A、４Aとすごく考えてしまいますが、ショートはショートなので。ショートにもすごく愛情を持っています。まずショートに向けてできることを一つずつ積み重ねたいなと思います」

ショートは演技時間が短く、ジャンプも3本だけ。ショートでミスをしたスケーターは、たちまち順位を押し下げるリスクがある。いかにミスなく滑りきるか。羽生選手は、ノーミスの先に首位スタートを見据えていたはずだった。

◇

勝負強さを見せつける羽生選手が、いざリンクに立つ。リンクサイドのフェンスは羽生選手の衣装とシンクロするようなスカイブルーで、「BEIJING 2022」と五輪のマークがあしらわれていた。

迎えたショートの冒頭、テレビ画面には信じられない光景が映し出された。「えっ」。

一緒に見ていた他紙の記者とともに思わず声を上げた。

4回転サルコウが抜けた——。跳び上がった瞬間にバランスが崩れ、まさかの1回転でほどけてしまった。GOEも稼げる得点源のジャンプを失った。その後は大崩れすることなく立て直したが、筆者は冒頭のシーンが頭から離れなかった。

滑り終えた羽生選手は、サルコウが抜けた地点へ向かった。踏み切りのタイミングがずれたのなら、そんなことはしないはずだ。演技後の羽生選手は、「完璧なフォームで、完璧なタイミングで跳んだはずでした」と振り返っている。このとき、何があったのか。外的な要因があったに違いない。だからこそ、確認に足を運んだ。

羽生選手は、視界の先を見て、愕然とした様子だった。跳び上がる直前にスケート靴のブレード（刃）のエッジがはまったところに、わずかに掘れた氷の穴を見つけたからだった。

「なんか、穴に乗っかりました」

◇

ジャンプに入るまでの軌道には、細心の注意を払ってきたはずだった。

21年の国別対抗戦では、6分間練習で滑った際にできた助走の溝に、フリー本番でエッジがはまってジャンプが抜ける苦い記憶があったからだ。

「ミリ単位でコントロールできます」というほど正確無比なスケーティングゆえに、同じリンクで滑ったら、同じ軌道を通ってしまう。だからこそ、6分間練習では、本番の軌道から少しずらして滑るようにしていた。

しかし、フィギュアスケートの整氷は、選手ごとに行なわれるわけではない。ゆえに、前に滑った選手のエッジでできた穴が残っていることはある。広いリンクの中にいくつかあるこうした穴が、まさか3連覇がかかる大事なショートを大きく左右するとは、誰も想像ができなかった。

「自分ではどうしようもない。もう仕方がないですね。自分の感覚ではミスじゃないので、あれは。気持ちを切らさずに、プログラムとして成り立っていたように、自分の中では思っています」

4年に一度の五輪では、緊張や重圧、さまざまな要素で実力を発揮できずに涙をのんだ金メダル大本命のアスリートはたくさんいる。しかし、羽生選手のように、外的な不運に見舞われることはまれだった。

「僕、何か悪いことしたかなって思っています（苦笑）。もちろん、オリンピックということで、いつもと違う空気感はありました。でも、すごくいい集中状態で、何ひとつほころびもない状態だったので、いまは整理がつかないですね。スケートでのミスはまったくなかったので。何か、嫌われることしたかなって。すごく氷に嫌われちゃったなと思っています」

95・15点で想定外の8位スタート。すべてを投げ出したくなるような状況で、羽生選手はそれでも下を向かなかった。

「(得点が)95点を出していただけたのは、すごくありがたいです。それだけ、ほかのクオリティを高くできたということは、自分を褒めたいなと思いました。状態もかなり良く、6分間練習もすごく良かったです。体力もすごくいい感覚で残っています。もちろんフリーに向けて、コンディションがまだしっかり整った状態でいられます。まあ、氷に引っかからないように(苦笑)。一日一善だけじゃなくて、本当に〝一日十善〟くらいしなきゃいけないのかなってちょっと思っています。それぐらい、練習としてはしっかり積めてきていました。演技に関しては、すごく自信がある状態です。あとはもう、神のみぞ知るっていうか。まだ時間はあるので、時間を有効に活用しながら、本当にみなさんの思いを受け取りつつ、完成されたものにしたいなって思います」

視界から遠ざかったように見えた3連覇の野望も、そして史上初の4回転アクセルも、羽生選手は決してあきらめてはいなかった。

現地から配信された記事には、驚愕の大逆転シナリオが描かれていた――。

④銀盤に刻んだ4回転半

「これが4回転半の回転スピードなんだ」

滞空時間は一瞬だった。その後の演技のことも念頭にあっただろう。しかし、羽生選手には心地のよい時間だった。

2月10日の男子フリー。羽生選手のプログラムは、和を基調とした『天と地と』である。最終組の一つ前のグループでの演技。戦国武将、上杉謙信が主役のNHK大河ドラマのテーマ曲でもある演目は、超大技を組み込んでこそ、パーフェクトな演技になると前年シーズンから滑り込んできたプログラムだ。

プログラムの命運を握る4回転アクセルへの挑戦、そして3連覇の行方が決まるフリーは、冒頭の一発にすべてがかかっていた。音楽が流れ、羽生選手が動き出す。

戦国時代が蘇ったリンクに、なめらかなスケーティングから世界最高峰の舞台に放物線が描かれた――。

幼少期に師事した都築章一郎氏から「王様のジャンプ」と教わったアクセルの最上級である4回転アクセルは、跳び上がってから着氷までに確かな手応えがあった。

これが4回転半の回転スピード――。羽生選手しか体感したことがないコンマ何秒の世界で、平昌五輪後に「最大のモチベーション」と挑み続けた超大技の完成が垣間見えた。

羽生選手は片足で着氷体勢に入り、右足一本で氷に降り立った。筆者はショートと同じく、JSPOの記者室でテレビ画面を凝視していた。周りにいる記者も同じだった。こらえれば成功――と思われた次の瞬間、惜しくも〝手負い〟の右足が耐えられなかった。

初めて実戦に投入した2021年末の全日本選手権のフリーから約2カ月で、さらに完成へと歩みを進めていたのは確かだった。全日本の4回転アクセルは、両足着氷となり、回転が足りずに3回転扱いの基礎点しか得られなかった。

今回は違う。回転不足の判定となったものの、4回転アクセルの基礎点をベースに採点された。世界で初めて、4回転アクセルが「認定」された歴史的な快挙だった。

手応えを誰よりも感じていたのも、羽生選手本人だった。フリーの演技後の取材で「アクセルはたぶん、いままでの中でいちばん（成功に）近かったと思いますし、いまできる〝羽生結弦のアクセルのベスト〟があれかなという感じもしています。僕なりの４回転半はできていたのかなって」と納得の表情を浮かべた。

じつは、羽生選手の右足首は、演技前から悲鳴をあげていた。演技直後は「詳しく話すかどうかをすごく悩んでいます。かなりいろいろ、手を加えていただきました。だからこそ、なんとか立てた感じです」と言葉を濁していた。じつは前日の公式練習の４回転アクセルで転倒した際、右足首を捻挫していた。

そのことを明かしたのは、フリーから４日後の２月14日だった。この日、北京五輪を取材している国内外のメディアからの要望に応じる形で急遽、記者会見が開かれた。

右足首の状態については、このとき初めて、「言い訳になりますが、（フリー）前日の練習で捻挫しました。普通の試合なら棄権していたと思います。いまもドクターから、あと10日は絶対に安静と言われています。それくらい悪かったです。当日朝の公式練習があまりに痛かったので、どうしようかと思いましたけど、６分間練習の10分くらい前に（痛み止めの）注射を打ってもらって、出場することを決めました」と打ち明けた。

この会見が開かれなければ、羽生選手は右足首を負傷したままフリーを滑ったという事実を心の奥底に閉じ込める覚悟だった。

苦境での挑戦だった4回転アクセルをどう実らせたのか。

「思いきり跳んで、思いきり高いアクセルで、思いきり速く締めることに集中しました。そのジャンプとしての最高点に、僕の中ではたどり着けたと思っています。ショートも悔しくて、ケガをして追い込まれ、注射で痛みを消してもらい、いろんな思いが渦巻いた結果、アドレナリンが出て、自分の中でも最高のアクセルができたと思っています」

五輪連覇を果たし、国民栄誉賞にも輝いた羽生選手が、超大技と苦闘した4年という月日は、「認定」という完成に近い形で結実した。

フリーの演技に時計の針を戻す。

4回転アクセルをこらえることができなかった感覚のない右足首には、もはや余力はほとんど残っていなかった。

続く4回転サルコウでも転倒した。もう右足はとっくに限界を超えていた。

◇

新型コロナウイルス禍になってからは、練習拠点のトロントに戻ることができず、地元の仙台で、たった一人で練習を続けた。

フィギュア界において、コーチ不在は異例の状況だった。そんな中で、誰も跳んだことがない4回転アクセルへの挑戦を続けた。その道のりは平坦なものではなく、羽生選手ですら「ひたすら暗闇を歩いているだけ」と表現するほどだった。

そして、北京五輪のショートでの不運に加え、フリー前日の公式練習での右足首捻挫……。心が折れそうな状況で、痛み止め注射を打ってリンクに立った絶対王者の右足は、もう着氷の衝撃に耐えられなかったのだ。

じつは右足首を負傷するまで、羽生選手は奇跡の3連覇を信じ、最後までもがくことを選んだ。そのことが見えたのが、フリー前日の公式練習だった。

現地で取材をした後輩記者と電話で話すと、このときの練習では、ジャンプ構成の一部を変えて基礎点を〝極限〟まで積み上げたのだという。右足が万全なら、自身最高難度のプログラムで巻き返しを期していた。

爽やかに、華麗に、そして毅然と美しく――。

多くの人が思い描く「羽生結弦」の肖像はそんなイメージであふれているだろう。

しかし、どんな天才であっても、そんなにスマートに栄光への道を渡ることはできない。一度なら天を味方につければかなうかもしれない。だが、10年にもわたる年月、シニアのトップスケーターとして君臨するには、ときに泥臭く、ときにしぶとく、最後まであがくことでしか届かないことがある。

最後の努力、もう一歩の前進を貫くか、あきらめるか。

高難度のジャンプを極限まで挑み続けるか、投げ出すか。

繊細な表現をとことんまで突き詰めるか、妥協するか――。

記者として10年以上にわたって取材を続けてきた羽生選手は、常に前者を選択してきた。羽生選手の戦いの軌跡に魅了される理由は、決して努力を惜しまない人間性や常に前向きな姿勢に起因していることをあらためて思い知らされた。

そこにあるのは、勝ちに飢え、「戦い続ける男」の姿だった。

◇

フリーを滑り終えた羽生選手は、リンク上で天を見上げた。長きにわたる沈黙に何を思っていたのか。羽生選手だけの時間が流れていた。

あの瞬間、いつか五輪王者になってやると野望を胸に秘めた9歳の自分を重ねていたという。

「あのポーズには、じつは『天と地と』の天の意味も、自分の魂をパンと天に送るイメージもありました。9歳のときに滑っていた『ロシアより愛をこめて』というプログラムの最後は同じポーズです。あのときの自分と重ね合わせながら……、いろんな気持ちが渦巻いていたというか。あのポーズを終えて刀をしまうまで、リンクをはけるまでが、自分のプログラムのストーリーだったのかなと思います」

3度目の五輪は、これまでのようにどんな逆境でも勝ち続けたエンディングとは違う景色になった。それでも、羽生選手はベストを尽くし、すべてを受け入れた。

「全部出しきったというのが正直な気持ちです。明らかに前の大会よりもいいアクセルを跳んでいました。もうちょっとだったな、と思う気持ちはあります。でも……、あれが僕のすべてかな、って思えています。あの前半2つのミスがあってこそ、この『天と地と』の物語が、ある意味で出来上がったのかなとも思います。正直、これ以上ないくらい頑張ったと思います。報われない努力だったかもしれないですけど。ショートからうまくいかないこともいっぱいありましたけど、むしろうまくいかなかったことしかないですけど……。でも、一生懸命、頑張りました」

初めて夢舞台に立ったソチ五輪は19歳で頂点へ駆け上がり、連覇を果たした平昌五輪は直前のケガというアクシデントを乗り越えての栄冠だった。北京五輪までの道のりはコロナ禍もあって、苦悩の連続だった。

それでも、挑戦の歩みを止めなかった王者は「自分のプライドを詰め込んだオリンピックだったと思います」と最後に胸を張った。

報われない努力なんてない――。

羽生選手がきっとそのことを感じたであろう時間は、競技が終わったあとだったかもしれない。

◇

羽生選手が右足首の負傷を明かした2月14日の記者会見では、質疑を受け付ける形でスタートする予定だった。

最初に挙手したのは、なんと羽生選手だった。

「質問の前に、僕からお話させていただきます。金メダルを獲ったネイサン・チェン選手は本当に素晴らしい演技でした。前後しますが、大会に関係しているボランティアの方、氷を作ってくださった方にも感謝したい。ショートプログラムでは氷に引っかかって不運な部分もありましたが、滑りやすく気持ちのいいリンクでした」

優勝したチェン選手への最大限の賛辞を贈り、コロナ禍で開催にこぎつけた五輪への感謝の言葉を紡いだ。

自らの競技日程を終えたあとの数日間、羽生選手は何を考えていたのか。

「いろんなことを考えていました。4回転半に挑んだこと、成功させられなかったこと、頑張ってきたことや道のり、道のりの価値、結果としての価値、いろんなことを考えました。だけど、足首が痛くて練習もあまりジャンプをやったらいけないし、痛み止めもかなり強いものを飲んでいますけど、たくさん支えてもらい、もっと感謝したいと思わされた3日間でした」

羽生選手は会見の中で4回転アクセルに挑戦した軌跡について、「僕だけが特別だと思っていない」とも言った。

「みんな生活の中で何かしら挑戦している。それが生きるということだと思います。挑戦じゃないことなんて何ひとつない。それが僕にとって4回転半や五輪につながっていました。みなさんも、ちょっとでも自分を認められるきっかけになったら、僕は嬉しいです」

五輪連覇という枕詞は一生消えることはない。「3連覇は消えてしまい、その重圧からは解放されたかもしれませんが、僕はやっぱり五輪王者だし2連覇した人間。誇りを持って、これからも後ろ指をさされないように、明日の自分が、今日を見たときに胸を張っていられるように過ごしたいです」

〝鎧〟を脱いだ羽生選手は、その後の五輪期間を満喫したように見えた。五輪最終日に予定されたエキシビションに向けた練習では笑みがこぼれ、本番も心底から楽しんでいた。大人気の大会公式マスコット、ビンドゥンドゥンと氷上でじゃれ合い、現地のボランティアスタッフとの記念撮影にも応じた。アイスダンス中国代表選手からは「お姫様抱っこ」をされて喜んだ。

2月20日のエキシビションでは、『春よ、来い』をピアノの音色で華麗に舞った。そして、3度目の五輪が幕を閉じた。

3月1日には、世界選手権（フランス・モンペリエ）の欠場が発表された。右足首の捻挫が完治していないからだという。

羽生選手は五輪期間中、今後についてこんなふうに語っていた。

「羽生結弦のスケートを、ちゃんと僕自身、もっともっと納得できるような形にしていきたい。もっともっとみなさんが『見たい！』と思ってもらえるような演技をしていきたいってやっぱり思うので。まあ、それがアイスショーなのか、競技なのか。どっちにしろ、自分はみなさんに見ていただいたときに、『やっぱ、羽生結弦のスケート好きだな』って思ってもらえる演技を続けたいと思います」

◇

その後の活躍は第1章で記したとおりである。

プロに転向し、単独公演を成功させ、競技時代よりも、多忙な日々を過ごしている。

「羽生結弦の肖像」は、まだまだ完成形を見ることはないだろう。

Koji Aoki/AFLO SPORT

あとがき

本書を書くにあたって、過去の取材メモを何度も読み通し、新聞のスクラップをあさると、10年あまりに及ぶ取材の記憶があらためて蘇ってきた。

フランス・ニースで大躍進を遂げた2012年の世界選手権、史上2番目の若さで頂点に立った14年ソチ五輪、ショートとフリー、合計得点で幾度も世界歴代最高得点を塗り替えて手にした「絶対王者」の称号、ケガを乗り越えて成し遂げた男子66年ぶりの平昌五輪での連覇、前人未踏の4回転アクセルに挑んだ北京五輪、そして強烈な輝きを放つプロスケーターとしての躍動――。

羽生さんは輝かしいキャリアを積み上げ、スポーツの枠を超えた存在へと駆け上がった。時系列に並べるだけでも膨大な文量になる軌跡をどうまとめるか。節目となるトピックを取り上げ、できるかぎり多くの羽生さんの言葉でつなぐことで、取材現場の雰囲気を感じ取ってもらえるように心がけたつもりである。

スポーツの記録は数字で語られることが多い。

何年ぶりの快挙、史上初の記録など、過去との比較によって評価を明瞭にできるからだ。メディアは同時に、ライバル選手との勝負に焦点を当てることで、時代の王者を決める。

しかし、こうした従来のメディアによる取材手法は、羽生さんにはあてはまらないことが多かった。数字で圧倒し、比較の対象をつくらない羽生さんは「絶対王者」「孤高の存在」として時代に君臨したからである。

本書を最後まで読んでいただければ、おわかりいただけると思うが、羽生選手のすごさを語る上で、ほかとの比較はほとんど必要がない。自分との闘い、自らの理想との闘いに挑み続けてきたからだ。

勝利への執念はすさまじく、それでいて、日々の練習では、細やかな表現にまでこだわって完成度を高める努力を積み重ねる。

プロになってからの羽生さんは「主演」のスケーターであり、加えて「演出家」の一面を備えるようになった。

ある関係者は、「羽生さんはアイスショーを迎えるまでの練習に、誰よりもストイックに取り組む姿勢を持っています。プロになってからは、羽生結弦だからこそできるショーは何かということを、常に考えながら滑っています」と明かしてくれた。

周囲への気遣いには、いつも驚かされる。

毎夏のトロントでの公開練習時、関係者が各社に、羽生さんの姿がプリントされた「限定クリアファイル」を手渡してくれる。

平昌五輪で連覇を飾ったあとには、会社に小包が届いた。羽生結弦さんからだった。開けてみると、クッキーが入った金色の箱に、取材に対する感謝のメッセージが添えられていた。社内の同僚たちに配ると、「羽生さんからのクッキーだ」と編集局内が沸いた。

筆者だけではなく、多くの「番記者」たちのもとへも届けられていた。羽生さんらしい気配りだった。箱は現在も大切に保管している。

競技者からプロスケーターへ。

そして、この先には、どんな歩みがあるのか――。

新聞社には異動や担当換えがある。ソチ五輪、平昌五輪、そして北京五輪と3度の節目の五輪が終わり、フィギュアスケートの担当記者も入れ替わりが進んだ。

かくいう筆者も、この春からは新聞記者から転身し、大学で教鞭を執るようになった。

それでも、ほかの多くの「羽生結弦番記者」と同じく、羽生さんの活動を継続して取材していくつもりだ。

現場の空気を大切に、道半ばの「肖像」の続きを書き続けていきたい。

本書の出版を許諾してくれた羽生結弦さん、所属マネジメント会社をはじめ、取材で関わらせていただいた多くのスケート関係者のみなさまに深く感謝します。

また、出版に尽力された山と溪谷社と村尾編集長にも、この場を借りて御礼申し上げる。

2023年9月　田中　充

【羽生結弦／主な略歴】

1994年12月　宮城県仙台市に生まれる。その後、4歳でスケートを始める
2004～05年　全日本ノービス選手権B優勝
2007～08年　全日本ノービス選手権A優勝
2008～09年　全日本ジュニア選手権優勝
2009～10年　世界ジュニア選手権優勝、JGPファイナル優勝、全日本ジュニア選手権連覇
2011～12年　GPシリーズ初優勝（ロシア杯）、世界選手権3位
2012～13年　全日本選手権優勝
※スケートアメリカでショートの世界歴代最高得点を更新。NHK杯でショートの世界歴代最高得点を更新
2013～14年　ソチ五輪金メダル、GPファイナル優勝、世界選手権優勝、全日本選手権連覇
※GPファイナルでショートの世界歴代最高得点を更新。ソチ五輪でショートの世界歴代最高得点をさらに更新
2014～15年　GPファイナル連覇、全日本選手権3連覇
2015～16年　GPファイナル3連覇、全日本選手権4連覇
※NHK杯でショート、フリー、合計得点の世界歴代最高得点を更新。GPファイナルでいずれも世界歴代最高得点を更新
2016～17年　GPファイナル4連覇、世界選手権優勝
※世界選手権でフリーの世界歴代最高得点を更新
2017～18年　平昌五輪金メダル、史上最年少で国民栄誉賞
※オータム・クラシックでショートの世界歴代最高得点を更新

２０１８〜19年　ＧＰフィンランド大会優勝、ＧＰロシア杯優勝
※ＧＰフィンランド大会で新採点ルールのショート、フリー、合計の世界歴代最高得点を更新し、ロシア杯でショートの世界歴代最高得点を更新。さらに世界選手権のフリーと合計得点で世界歴代最高得点を更新

２０１９〜20年　四大陸選手権優勝
※四大陸選手権の優勝で「スーパースラム」達成。このときのショートで世界歴代最高得点を更新

２０２０〜21年　全日本選手権で5年ぶりの優勝

２０２１〜22年　全日本選手権連覇、北京五輪で4回転アクセル「認定」

２０２２年〜　東京ドーム単独公演などで、プロスケーターの道を歩み出す

【参考文献】

・共同通信
・時事通信
・朝日新聞
・読売新聞
・毎日新聞
・産経新聞
・報知新聞
・日刊スポーツ
・スポーツニッポン
・サンケイスポーツ
・デイリースポーツ
・中日スポーツ
・Number Web
・web Sportiva
・Quadruple Axel（２０１８〜23年、山と溪谷社）
・フィギュアスケート日本代表ファンブック（２０１８〜22年、山と溪谷社）
・羽生結弦 アマチュア 全記録（ＣＣＣメディアハウス）
・国際スケート連盟（ＩＳＵ）公式ホームページ
・日本スケート連盟（ＪＳＦ）公式ホームページ
・アイスリンク仙台 公式ホームページ
・アイスショー『プロローグ』公式パンフレット

Joe Kobashi

Joe Kobashi

田中　充　Mitsuru Tanaka

尚美学園大学スポーツマネジメント学部准教授。スポーツライター。1978年、京都府生まれ。早稲田大学法学部卒業、同大学院スポーツ科学研究科修士課程修了。地方紙を経て、2003年産経新聞社に入社。スポーツ報道に携わり、11年からフィギュアスケートを担当。14年ソチ、18年平昌の両五輪を現地で取材した。2023年4月より現職。現在もフィギュアスケート関連の記事などを寄稿する。

羽生結弦の肖像 番記者が見た絶対王者の4000日

2023年10月5日　初版第1刷発行

著　者　田中　充

発行人　川崎深雪

発行所　株式会社 山と溪谷社

〒101-0051 東京都千代田区神田神保町1丁目105番地

https://www.yamakei.co.jp/

印刷・製本　大日本印刷株式会社

〈乱丁・落丁、及び内容に関するお問合せ先〉

山と溪谷社自動応答サービス　TEL 03-6744-1900　受付時間／11:00〜16:00（土日、祝日を除く）

メールもご利用ください。【乱丁・落丁】service@yamakei.co.jp　【内容】info@yamakei.co.jp

〈書店・取次様からのご注文先〉

山と溪谷社受注センター　TEL 048-458-3455　FAX 048-421-0513

〈書店・取次様からのご注文以外のお問合せ先〉

eigyo@yamakei.co.jp

　ISBN 978-4-635-34045-8